Ignác Jan Hanuš

Die gefälschten böhmischen Gedichte aus den Jahren

1816-1849

als ein Beitrag zur böhmischen Literatur-Geschichte

Ignác Jan Hanuš

Die gefälschten böhmischen Gedichte aus den Jahren 1816-1849
als ein Beitrag zur böhmischen Literatur-Geschichte

ISBN/EAN: 9783743656604

Hergestellt in Europa, USA, Kanada, Australien, Japan

Cover: Foto ©ninafisch / pixelio.de

Weitere Bücher finden Sie auf **www.hansebooks.com**

Die
gefälschten böhmischen Gedichte

aus den Jahren

1816—1849.

Als ein Beitrag

zur

böhmischen Literatur-Geschichte

dargestellt von

Dr. I. J. Hanuš,
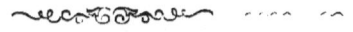

Universitäts-Bibliothecar.

PRAG.

Verlag von H. Dominicus.

1868.

Druck von Dr. Eduard Grégr.

Vorwort.

Im verflossenen Jahre erschien meine Broschure : „Das Schriftwesen und Schrifttum der böhmisch-slovenischen Völkerstämme in der Zeit des Ueberganges aus dem Heidentum in das Christentum". Die böhmische Literatur-Geschichte reicht darin bis in den Anfang des 14. Jahrhunderts.

Es kommen aber auch böhmische Schriftstücke vor, die einst selbst in das 12. Jahrhundert hinaufgeschoben wurden, wie z. B. das König-Wenzel-Lied, die man, weil sie gefälscht sind, natürlich nicht darin vorfindet. Da dieselben nun leider früherhin manchmal unter echte böhmische Literaturstücke gemengt worden waren und dadurch selbst echtes in argen Verdacht brachten : so verdienen sie selbständig geprüft und sohin gleichfalls literaturhistorisch behandelt zu werden.

Den Versuch einer solchen Behandlung, die zu gleicher Zeit ein Stück neuböhmischer Literatur-Geschichte (vom J. 1816—1849) ist, lege ich mit vorliegender Schrift dem wissenschaftlichen Publicum zur eingehenden geneigten Einsicht und Prüfung vor.

Die Schrift selbst war anfänglich in etwas kleinerem Umfange böhmisch geschrieben, doch entschloss ich mich, sie neu und eingehender deutsch zu bearbeiten, einerseits weil „das Schriftwesen und Schrifttum" auch schon deutsch geschrieben war, andererseits, weil der Einblick in die wahren, innern Verhältnisse der böhmischen Literaten unter einander sammt deren Werken den Deutschen schwerer fällt, als den Böhmen.

Geschrieben im Collegium Clementinum zu Prag im Januar 1868.

Hanuš.

Inhalts-Anzeige.

I. Das Lied unter dem Vyšehrade.

Die älteste Erwähnung dieses Liedes: „píseň pod Vyšehradem" findet sich in W. *Hanka's* „Starobylá skladanie", einer Sammlung altböhmischer Gedichte, deren erster Band im J. 1817 in Prag erschien (bei Bohumil Háse, SS. XLV., 216. 12°). Da wir von dieser Sammlung werden öfters Erwähnung machen müssen, so wollen wir sie gleich hier etwas näher charakterisiren. Im 18. Jahrhunderte wurde schon bedeutend an der Herausgabe und Analyse a l t b ö h m i s c h e r Literatur gearbeitet. Als einen Beweis davon nennen wir hier nur Adaucti *Voigtii* acta literaria Bohemiæ et Moraviæ. 1774. Das Gewand einer solchen literarischen Analyse war freilich noch entweder die l a t e i n i s c h e oder d e u t s c h e Sprache, aber das Herz, welches zur Analyse trieb, schlug schon unbemerkt böhmisch, so dass allmälig die Analyse auch zur Synthese ward, indem man an neue S a m m l u n g e n altböhmischer Werke und deren N e u r e p r o d u c i r u n g durch die Presse gieng, in deren Gefolge natürlich auch die Wiedererweckung der b ö h m i s c h e n S p r a c h e zur Sprache der Wissenschaft sich einfand. Vgl. darüber den Sitzungsbericht der kön. böhm. G. d. W. 1867. 3. Juni. Der Uebergang aus der einen allgemein böhmischen Richtung in die andere s p e c i e l l b ö h m i s c h e ist besonders an den Namen und die Wirksamkeit *Dobrovský's* gebunden (vgl. Literární působení Josefa Dobrovského, v Praze, 1867. Abh. d. k. b. G. d. W. 15. Band). Dobrovský begann nämlich gleichfalls nur mit der literarischen Analyse altböhmischer Werke in deutscher Sprache, bis er zu Sammlungen und Ausgaben böhmischer Werke antreibend, endlich selbst b ö h m i - s c h e r S c h r i f t s t e l l e r wurde. Im Jahre 1813 lernte

Hanka, als studiosus juris, den schon sechzigjährigen Dobrovský in Prag kennen und ward fortan dessen Schüler im vollen Sinne des Wortes. Hanka zählte damals 22 Jahre. In spätern Jahren erhielt Hanka von ihm auch ein böhmisches Manuscript, das Dobrovský zuerst in seiner „Geschichte der böhm. Sprache und Literatur" vom J. 1792, S. 91, sodann aber auch in seiner Literatur-.Gesch. v. J. 1818, S. 124, 129, 149, 390, näher beschreibt. Es ist dies eine Sammlung altböhmischer Gedichte („starobylá skladánie"), die Hanka zum Abschreiben und Herausgeben geliehen erhielt, welche denn auch in der Tat den Hauptinhalt der ersten zwei Bände der „Starobylá skladánie" 1817, 1818 bildete.

Gleich im 1. Bande derselben liess nun *Hanka* das „Lied unter dem Vyšehrade", „Píseň pod Vyšehradem" unter andern ächten Gedichten abdrucken und sagte darüber S. XVI. selbst: „Dies Lied, das mit den Worten: „ha! ty naasze sluncze, Vyšegrade tvrd" beginnt, rührt von einem sehr alten Blatte her, welches Herr *Linda* im J. 1816 fand und das ich nun bei mir (Hanka) verwahre". Auf der S. 200, worauf das Lied selbst abgedruckt ist, heisst es dann wiederum: „Von einem Pergamen-Blatte, welches der Herausgeber (Hanka) selbst besitzt." Hier ist also nur von einem Blatte und von keinem Buchdeckel, wie später, die Rede.

Die ausführlichste Nachricht über diesen Fund gab erst im Jahre 1832 Prof. Jos. *Jungmann* im Prager Musejník (Časopis českého Musea), S. 242. Sie lautet: Der Auffinder ist Herr *Linda*, welcher damals (1816) noch Studiosus war. Er hatte den Deckel (deska), auf dessen innerer Seite das Gedicht geschrieben war, lange schon unter seinen Füssen, ehe ihm der Zufall das Lied offenbarte. Zeuge dessen ist Herr *Hanka* sammt der ganzen Familie, bei welcher damals beide wohnten. Sie zeigten mir (Jungmann) den Fund gleich die erste Zeit, als sie das Gedicht kaum noch lesen konnten". Ueber die Wahrheitsliebe des edlen Jos. Jungmann ist nun kein Zweifel, wol aber über den Umstand, ob er, der Patriarch der neuböhmischen Literatur, damals schon die richtige Sach- und Personen-Lage beider Literaten beurteilen konnte, weil er erst im Jahre 1815, also nur ein Jahr vor dem angeblichen Funde, aus Leitmeriz nach Prag als Humanitäts-

professor an das academische Gymnasium berufen worden war.
Jungmann's Nachricht leidet auch an einigen Widersprüchen.
Wie das Pergamenblatt nämlich jetzt im Museum aussieht, hat
es nicht das mindeste Ansehen, als ob es je auf einem Bücherdeckel gewesen wäre. — Pflegte Linda auf Art ordentlicher
Studiosen seine Bibliothek u n t e r d e m S c h r e i b e t i s c h e zu
haben? — War der Bücherdeckel, der nach dem Pergamen
zu schliessen, ein ziemlicher Grossquart, wenn nicht Kleinfolio
war, getrennt von einem Buche oder nicht: was war dies für
ein Buch, w e m g e h ö r t e es, wohin kam es? Alle diese
Fragen werden wol nie mehr beantwortet werden, da die Gedenk-
männer nicht mehr leben und auch nicht so gefällig waren, uns
nähere Nachrichten darüber aufzubewahren: man nahm den angeblichen Fund n a i v als wahren Fund hin und freute sich auch
n a i v über denselben. Hanka n e u e r t e etwas an der Orthographie und druckte das Gedicht dann anstandslos, wie gesagt,
in seinen Starobylá skladánie ab. Aber auch der grosse Slavist,
Jos. *Dobrovský*, der eben an der letzten Ausgabe seiner böhm.
Literaturgeschichte arbeitete, druckte es in derselben Literatur-
geschichte im Jahre 1818 fast anstandslos und zwar unter den
böhm. Schriftwerken des 13. J a h r h u n d e r t e s ab. Er sagt
S. 109 darüber: „Ein nur auf einer Seite beschriebenes B l a t t
Pergamen kam z u f ä l l i g in die Hände des Herrn *Linda*, der
es zu schätzen wusste". Paraphrasirend druckt es nun
Dobrovský und zwar in der u r s p r ü n g l i c h e n Orthographie
ab, doch liess er einmal das Wort p y c j e (pieje) aus. Nur der
Ausdruck „s y e l a h u r a s t y a" ist ihm etwas dunkel, obwol er
es als sila chvrastí (chrasti, Gebüsche) deutet. Den gramma-
ticalischen Fehler im Vocative: Vyšegrade t v r d, merkte er
aber nicht, oder fasste ihn als licentiam poeticam auf. Das
abgebrochene Ende h u ergänzt er mit „chudého", stat mit
dem altertümlicheren „chuda", alles ein Beweis, wie damals
die Kritik und Slavistik auch bei Dobrovský noch in den Windeln
lagen. Dass das abgebrochene Ende fortgesetzt, wol auf der
andern Seite hätte stehen sollen, bemerkte er auch nicht.
Dobrovský weiss aber, sonderbarer Weise, von B ü c h e r d e c k e l n
n i c h t s, er kennt nur „ein auf einer Seite beschriebenes Blatt"
(S. 109) und „das Lied an Wissehrad aus einem Blatte Pergamen" (S. 392), ein Beweis, dass schon damals verschiedene

1*

Versionen von der Art der Auffindung haben cursiren müssen und niemand der Sache auf den Grund gieng.

Wer war nun wol dieser Herr *Linda*, der den glücklichen Fund tat? nachdem er ihn so lange „mit Füssen" getreten hatte, wenn etwa an Jungmann selbst schon damals nicht blos Sagenhaftes oder gar Irriges berichtet worden war, das man etwa vor Dobrovský verschwieg. Wir werden das wenige und geringe, was von den Lebensumständen *Linda's* sich erhalten, sogleich hier andeuten. Jungmann berichtet über ihn in seiner Literaturgeschichte im J. 1825 nur folgendes: „*Linda* Jos. aus Mitrovic, absolvirter Jurist." Aus den Prager Universitäts-matrikeln ersahen wir durch Beihilfe des H. Syndicus, Dr. Bružek, dass *Linda* in Prag im J. 1812 die sogenannte „Metaphysik", d. i. den 3. Jahrgang der damaligen philosophischen Studien studirte, sohin etwa 18 oder 19 Jahre alt war. Sein uns präcis unbekanntes Geburtsjahr fiele sohin auf die Jahre 1793 oder 1794, wärend Hanka schon im J 1791 geboren war. Nach der Metaphysik studirte Linda durch 4 Jahre die juridischen und Staats-Wissenschaften, trat aber erst im J. 1822 7. Jänner als A m a n u e n s i s in die P r a g e r U n i v e r s i t ä t s b i b l i o t h e k, wo er jedoch nur bis zum J. 1825 verblieb. Bibliothecar war damals *Posselt*, Custos *Fischer*, und Scriptoren die Herren: *Zimmermann*, *Waniek* und *Hanslik*. Ein Brustleiden soll jedoch Linda frühzeitig und zwar schon im J. 1834, dem Tode ent-gegengeführt haben. Er war in verschiedenen Jahren R e-d a c t e u r verschiedener böhmischer Zeitschriften gewesen, doch machte das meiste Aufsehen nur sein Buch: Z á ř e n a d p o h a n s t v e m, nebo: V á c l a v a B o l e s l a v, eine Art idylli-schen Romans, worin er den Uebergang des böhm. Heidentums in das Christentum schildert. Es erschien dieser Roman im J. 1818 in Prag, also kurz n a c h der A u f f i n d u n g, aber v o r der Drucklegung der K ö n i g i n h o f e r Handschrift, wärend „das Lied unter dem Vyšehrade" bereits im J. 1816 zum Vorscheine gekommen war, wie es wenigstens Hanka im 1. Bande der Staroby l á skladánie S. XVI. angab. Der Roman bezeugt wol seine Neigung zu böhmisch-archäologischen Studien, zeigt aber zugleich deutlich, dass Linda n i c h t im Stande gewesen wäre, das „Lied unter dem Vyšehrade" zusammenzustellen. Diesen seinen Roman zeigte Linda als Redactor selbst als erschienen

an am 9. September 1818 in den Noviny privilegované (N. 21.
S. 84), worin es u. a. heisst: „Der Inhalt desselben ist die Ab-
bildung des Heidentums zur Zeit Wenzel's, so wie desselben
Untergang und das Wachstum des Christentums". Am 30.
September desselben Jahres (N. 27. S. 108) wird dieselbe Ankündigung wiederholt u. zw. mit den Worten: „Dies Buch
schildert die heidnischen Sitten und Gesinnungen unserer Vorfahren". Es erschien sohin wie gesagt ein Jahr nach der Auffindung der K. H.; nicht aber im J. 1815, wie der Knihopisný
slovník irrig angibt (1865. S. 125). Obschon die K. H. ein
Mitbeweggrund zum Erscheinen der „Záře" (Lichtschein) gewesen sein mag, so ist doch der Inhalt der „Záře" ganz verschieden von irgend einem Gedichte der K. H. und die Form
beider verhält sich zu einander wie Blei zu Gold, wie Unnatur
zur Natur. Ja wer auch nur ein Lied Linda's an Gott
„Svanto-vít" in der „Záře" gelesen, wird überzeugt sein,
dass Linda nicht eine Zeile altböhmischen Textes hätte
componiren können, dass er sohin nicht der Urheber des
Liedes an den Vyšehrad sein könne, weil er nicht über eine
einzige altböhmische Wortform ohne Fehler verfügen kann. So
gebraucht er die unböhmische nasale Form: Svanto-vít,
Svanto-haj u. dgl.; da er doch im Böhmischen die Nasal-
losen Formen Svato-bor, Svato-jirský, Svato-janský häufig
genug vorfand.

Linda muss auch ein Mann unedler Ausdrucksweise gewesen sein, denn in einem Artikel seiner officiösen Zeitung
widerlegt er die Klagen über das schlechte Bier in Prag und
endet mit den rohen Worten: „Co by také tím bylo světu zí-
skáno, aby pivo bylo to nejlepší, nejsilnější, nejlahodnější a
mělo všecky vlastnosti, které by chlastounu toho nejvy-
smolenějšího žaludku kdy jen napadnouti mohly. Co by
bylo? — — Kdyby bylo lepší pivo, nebylo by lidí a přibylo
by prasat! — — Zdám se snad mnohým, že mluvím
z hruba, ale já chci, aby mi také rozuměli ti, kteří ještě od
včerejšího chlastu nejsou dobře vyspalí." So wagte Linda zu
schreiben, in den k. k. privilegirten Zeitungen im J. 1818.
N. 14. S. 55. Das war also nicht der Mann, der die süsslich
romantische Fadaise des Vyšehradliedes componirte, auch wenn
ihm die linguistische Befähigung dazu nicht gänzlich gefehlt hätte.

We r war denn also der Impostor? Da *Hanka* mit Linda
in einem Zimmer zusammenwohnten, und Hanka der gelehrtere
war, so ward der Schluss beim Publicum später bald fertig:
Hanka habe das Lied fabricirt und *Linda* u n t e r s c h o b e n.
Auffallend ist es allerdings, dass Linda selbst, obschon er Re-
dacteur war, nirgend s i ch als den glücklichen Finder vor dem
Publicum darstellte, obschon er genug Gelegenheit dazu hatte,
z. B. als er im J. 1818. also zwei Jahre nach seinem Funde
dem Publicum die Nachricht von der Auffindung der K. II.
gab (11. April. N. 29). Die Worte dieser Ankündigung sind
zu merkwürdig, um sie hier nicht zu reproduciren: „Dne 16.
září lonského roku událo se — p. Hankovi nalézti — 12 per-
gamenových lístků, odtržek nějaké knihy, na níž k v e l i k é m u
p o d i v e n í č e s k y, ano veliká výbornost, psána", „worauf zur
grossen V e r w u n d e r u n g böhmisch und zwar v o r t r e f f l i c h
böhmisch geschrieben war". Also bei der Auffindung des Vyšehrad-liedes, dessen keine Erwähnung geschieht, verwunderte
man sich n i c h t so? oder wusste man, dass es s c h l e c h t
b ö h m i s ch geschrieben war? Linda schwieg also beharrlich,
nicht aber *Hanka*; denn dieser, als er die e d i t i o p r i n c e p s
der K. H. im J. 1819 herausgab, druckte zwar das Vyšehrad-
lied n i ch t ab, wie er dies leider in den spätern Auflagen getan, erwähnte aber desselben doch in der Vorrede, hinweisend
auf den Abdruck in den Starobylá skladánie. In der 2. Ausgabe
vom J. 1829 druckt er es aber wie bereits gesagt ab, was bis
zum J. 1857 in allen andern Ausgaben der K. II. gleichfalls
geschah. Diese leidige Ungeschicklichkeit machte zumeist den
Verdacht g e g e n die K. II. selbst rege. Sie ist aber zugleich
ein Zeichen, dass *Hanka* die Gefälschtheit des Wyš. Liedes
n i ch t ahnte.

In der 2. Ausg. der K. II., die eigentlich mehr W. Svoboda als
Hanka zukömmt, kömmt auch die erste damals bekannte
d e u t s c h e U e b e r s e t z u n g dieses Vyšehradliedes u. d.
Namen: M i n n e l i e d u n t e r d e m W y š e h r a d vor und
beginnt mit den Worten: „Ha! du unsere Sonne! f e s t e r
W y š e h r a d" (S. 205). So wie Hanka in dieser 2. Ausgabe
schon Veränderungen an den Suffixen des Urtextes vorzunehmen
begann: so sagt W. A. *Svoboda*, der eigentliche Herausgeber,
Uebersetzer und Erklärer der Lieder (ehemals Humanitäts-

professor in Neuhaus, dann am Kleinseitner Gymnasium zu
Prag), im „A n h a n g e anderer altböhmischer Gedichte" S. 193,
dass ihm das „Minnelied unter dem V y š c h r a d e" teilweise
v e r d o r b e n scheine (pokažená), weshalb er einen Vers zu-
gegeben und einen Vers geändert hätte. Also begann schon
im eigenen Lager so frühzeitig der Zweifel zu wirken: was
aber im Publicum den Professor Svoboda selbst in den Verdacht der Fälschung brachte.

Aber auch *Dobrovský* war in dieser Zeit von seinem ursprünglichen blinden Glauben an das Vyšehrad-lied schon geheilt.
Denn im J. 1824 sagt er in der Beurteilung von *Rakovieckis*
Ausgabe der Pravda ruska (Wien. Jahr. B. 27. Bd. S.
100) von den
Böhmen: „Diese eifrigen Patrioten hatten nicht genug daran,
sich an den schönen Gedichten der Königinhofer Handschrift zu
ergetzen und sich damit zu rühmen, dass die Böhmen so alte
Gedichte aufzuweisen haben — (sie) sehnten sich nach Ent-
deckungen eines noch ä l t e r n Denkmals". Dobrovský meinte
damals unter diesem „noch ä l t e r n Denkmale" den Libušin
súd. Vom V y š e g r a d e r M i n n e l i e d e ist bei Dobrovský in
d i e s e r Kritik schon k e i n e Spur einer Anerkennung mehr zu
finden. Im J. 1827 verwarf er aber dasselbe schon ö f f e n t l i c h,
denn im 37. Bande der Wiener J. B. äussert er sich S. 20
darüber wie folgt: „das Klagelied eines Verliebten an den
Ufern der Moldau ist auch bei nochmaliger schärfern Prüfung
als u n t e r s c h o b e n befunden worden". In eben demselben
Jahre schrieb er auch an J. *Bowring*, der damals böhmische
Gesänge und Lieder in's Englische übersetzte, dass er ihn
warne, u n t e r s c h o b e n e Gedichte m i t unter ächte zu mischen.
Unter anderen sagt er in dem Briefe: „Es gebe v i e l e unter
uns (Böhmen), die durch eine zügellose Liebe zur Mutter-
sprache getrieben, L i e d e r f ä l s c h e n, damit sie dadurch
Unvorsichtige berückten (hæc obtrudere incautis). Ein solches
Lied ist die Elegie des Liebenden unter dem W y š c h r a d.
Dies Gedicht hielt ich selbst, ehe ich die H a n d s c h r i f t
(scripturam) n ä h e r p r ü f t e, für echt und nahm es erklärend
auf in die böhm. Literaturgeschichte. Nun kenne ich aber
schon den Urheber (autorem), ja ich könnte ihn mit N a m e n
nennen. Das Gedicht ist um das J. 1716 oder 1817 auf altes
Pergamen mit genug neuer Tinte (atramento satis recenti) ge-

schrieben, so dass es mich selbst täuschte, als es mir gereicht
wurde. (Also auch da ist von keinem Buch, von keinem Bücherdeckel die Rede, womit man den edlen Jungmann wol
täuschte.) Die böhm. Z e l o t e n, nicht zufrieden mit e c h t e n
Gedichten des 13. Jahrhunderts, mit den K ö n i g i n h o f e r
Liedern, wollten noch ältere Lieder haben, damit sie die
Deutschen überragten (ad coniungendos Germanos), die sich mit
ältern Gedichten rühmen können (Cheskian anthology. 1832.
S. 7. 8. Jungmann, Musejn. 1832. S. 241. Vergl. seitens Dobrovský's auch Musejn. 1832. S. 239. 1852. S. 145. 3. Heft).
W e n Dobrovský als Fälscher betrachtete, blieb ein Mysterium,
Jungmann meint (Musejn. 1832. S. 244) es wäre *Linda*, der
Auffinder selbst gewesen, was jedoch sicher unrichtig ist, da,
wie gesagt, Linda alle Talente dazu fehlten : man könnte höchstens zugeben, dass er der A b s c h r e i b e r eines ihm vorge-
legten Gedichtes gewesen wäre : ja es ist die Frage, ob das
Exemplar, das Jungmann auf einem B u c h d e c k e l gezeigt
wurde, ein und dasselbe Exemplar war, was Dobrovský in e i n-
f a c h e r B l a t t f o r m gesehen ? Der meiste Verdacht fällt unmittelbar betrachtet sohin auf *Hanka*, der Gedichte des 14.
Jhrts. abschreibend, vielleicht sich nach Gedichten des 11. und
12. Jhrts. sehnte, also nach Gedichten einer Epoche, in welcher
Wyšehrad noch mächtiger und ansehnlicher war, als selbst
Prag (Vgl. Musejn. 1832. S. 244). Dann hätte es Hanka auch
selbst rein geschrieben und Linda „z u f ä l l i g e r Weise" zuge-
steckt, um ihn, den naiven Unparteiischen, zum scheinbaren
Entdecker zu machen.

Aber auch dieser Ansicht stellt sich gar manches ent-
gegen. Das Wyšehrader Liebeslied ist im Gehalte sehr ähnlich
dem später erst zu besprechenden, ebenfalls unechten K ö n i g
W e n z e l's L i e d e, durchaus aber nicht den echten Gedichten, welche Hanka aus Dobrovský's Handschrift abschrieb :
ein gefälschtes Lied hätte auch selbst ein Hanka mit Wissen
nicht so leicht unter e c h t e Gedichte (zuerst in den Starobylá skladánie, dann in der K. H.), die er s e l b s t herausgab, gemengt, und zwar unausgesetzt bis zum Jahre 1857, wo
dessen Unechtheit an den lichten Tag kam. Ihm folgten, die
Kritik Dobrovský's für Hyperkritik nehmend, in der Aufnahme
des u n e c h t e n unter e c h t e s, im blinden Vertrauen auch

andere ausgezeichnete Männer, wolwollend an keinen Betrug
denkend, wie z. B. Jos. *Jungmann* **1845** im Výbor z literatury
české (I. str. 33); 1849 in der 2. Auflage der böhm. Literatur-
geschichte (S. 17. Nr. 14); P. J. *Šafařik 1845* in dem Werke
des Grafen Jos. Math. von *Thun* (S. 35. 36.); wo auch Fr.
Palacký (S. 104) es noch als echt anerkannte. Dies spricht
alles dafür, dass man *Hanka* keine Fälschung zumutete, obschon
man ihn seiner abstrusen Persönlichkeit halber nicht gar gerne
hatte. Erst als im J. 1857 am 6. December *Fejfalik* in der
Sitzung der W i e n e r Academie die Unechtheit des König
Wenzelliedes darlegte, begann man aufmerksamer zu werden
und was g l e i c h a n f a n g s hätte geschehen sollen, genauer das
P e r g a m e n zur Hand zu nehmen, als es früher geschah. Am
auffallendsten ist nun wol. oberflächlich betrachtet, die Nicht-
beachtung J. P. *Šafařik's*, aber wer Šafařik's Verhältnisse näher
kennt, wird sich n i c h t über seinen Glauben an die Echtheit
wundern. Denn die g r a m m a t i s c h e n Bedenken gegen das
Wyšegradlied, da sie einem *Dobrovský* nicht auffällig waren,
wurden durch Zuhilfenahme der S c h r e i b f e h l e r h y p o t h e s e
zur Seite geschoben. Auch legte man dem vernichtenden Ur-
teile Dobrovský's kein so grosses Gewicht bei, weil er eben
von der i n n i g s t e n U e b e r z e u g u n g zur g ä n z l i c h e n
V e r w e r f u n g auf einmal übersprang, auch als Kritikótatos
verschrieen war. Auch kam ja Šafařik erst 17 Jahre später nach
Prag, als das Gedicht zum Vorschein gekommen war und fand es
bona fide fast allgemein anerkannt schon vor. Seine P r i v a t -
m e i n u n g war auch nach genommener kritischer Einsicht
n u r d i e , d a s s e s n a c h e i n e m w i r k l i c h e n , e c h t e n
L i e d e bloss u m g e f o r m t und a u f d e n W y š e h r a d
bezogen wurde, um, wie gesagt, dem Gedichte den Schein der
höhern A l t e r t ü m l i c h k e i t zu geben. Darin liegt wenigstens die Wahrheit, dass Šafařik n i e m a n d e n von den bisher
genannten für f ä h i g hielt, auch nur ein solches Gedicht zu
bilden. An Hanka, als Autor, dachte Šafařik in den frühen
Jahren, um die es sich hier handelt, am wenigsten, da ihm wol
der Umstand imponirte. dass *Hanka*, trotz der unbedingten
Verehrung Dobrovskýs, auch n a c h dessen Verwerfung des
Vyšehradliedes, dieses dennoch unter die Lieder der K. H.
mengte, sohin von dessen Echtheit überzeugt sein musste.

Erwägt man aber, von allem Persönlichen abgesehen, die Sache genauer, so findet man, dass das Wyšegradlied eigentlich aus zwei, mit einander nicht zusammenhängenden Teilen besteht. Es beginnt nämlich heroisch mit einer Allocution an den Wyšchrad und endet minnesängerisch mit dem Wunsche „eine Nachtigall zu werden", um dahin fliegen zu können, wo die Geliebte spät abends herumwandelt (kdě draha chodic večerem pozdno). Hier ist also zwischen Wyšchrad, der Nachtigall und der Nachtwandlerin kein Zusammenhang, auch wird am Ende des Wyšegrades gar nicht mehr erwähnt. Die Gerechtigkeit fordert es jedoch beizufügen, dass im Böhmischen die Nachtigall (slavík, slavíček) männlich ist und dass im etwa verloren gegangenen Teile des Liedes, der Wyšegrad nochmals in Beziehung konnte gebracht werden. Allein andere Widersprüche machen diese Supposition wol undenkbar, da beide Teile wiederum ihre eigenen Fehler haben.

Der Wyšegrad wird „unsere Sonne" genannt, welches Bild nur insoferne für die Zeit passend wäre, als der Wyšehrad nur die eine Centralburg Böhmens war. Das war er jedoch nur in mythischer Zeit und seine Kämpfe mit der Burg Děvin und Praga sind sogar historisch (Tomek, dějepis města Prahy. 234). In der Zeit des Minnedienstes in Böhmen war aber Wyšehrad längst schon um seinen Ruhm gekommen. Damals konnte man nicht mehr singen: du stehest (stojieš) kühn und stolz am steilen Felsen, allen Fremden (cuziem, Deutschen) zum Schrecken (po strach), ja den Minnesängern in Böhmen, besonders den Deutschen, waren die Burgen nie zum Schrecken, sondern vielmehr zur Freude. Wann war aber überhaupt den Fremden der Wyšehrad zum Schrecken? Wyšehrad ward gross durch innere Macht, durch seine Centralheiligtümer, durch seine priesterlichen Centralfürsten, nie aber etwa durch seinen grossartigen Festungsbau, den das böhm. Altertum überhaupt nicht kannte. Der Uebergang des lateinischen Wortes castellum in das böhm. kostel (Kirche) zeigt für sich schon die ehemalige Hauptbedeutung der böhm. Burgen. Und das gilt vorzugsweise von Wyšehrad, den das Altertum den „heiligen (svatý) Wyšegrad" nannte. Davon weiss aber der Dichter des „Liedes unter dem Vyšehrad" n i c h t s, ihm ist er nur eine feste Burg „allen Fremden zum Schrecken“. Ob man die Moldau unterhalb Wyšehrad selbst im Altertume b y s t r á und č i s t á, d. i. hurtig (rasch) und rein nennen konnte, lassen wir dahingestellt sein, der Name spricht nur für „w e l l e n d e s W a s s e r“. Am Ufer der Moldau steht „s i e l a c h v r a s t j a“, eine Menge Gesträuche, welcher Ausdruck schon Dobrovský stutzig machte. *Kosmas* behauptet, Wyšehrad habe einst H u r a s t e n (wol für Hvrasten, Chvrasten) geheissen und zwar wegen der „arbusta“ die da stunden, wenn überhaupt chvrastí als Baumgesträppe zur rechten Etymologie führt: allein die „arbusta“ waren nach Cosmas nicht am Rande des Moldauufers, wie der Wyšehrad-Sänger singt, sondern Wyšehrad selbst stund „in rupe i n t e r arbusta“, am Felsen m i t t e n im Walde, wol um unzugänglicher zu sein nach Art alt-böhmischer Burgen überhaupt, nicht aber um ein „pochladeček mil“, einen lieben kühlen Ort zu bilden, worin das Nachtigall-chen (slaviček) auf der grünen Au schlagen könnte, was auch anderwärts, als gerade „unter dem Vyšegrad“ geschehen konnte: ja der Sänger wünscht sich sogar in Form einer Nachtigall w e g fliegen zu können, dorthin, wo die Huldin spät in der Nacht wandelt. Vgl. Erben's Volkslied: Ach, kýž jsem slavíčkem, tím malým ptáčíčkem, letěl bych přes hory, k milej do komory (prostonár. písně. S. 279. Nr. 786). — Der folgende Gedanke: „i když vsie milost budie, všeliký živok velím snabženstviem ieie želie“ ist höchst unklar und gezwungen und veranlasste, wie gesagt, schon W. Svoboda gleich bei der 2. Ausgabe der K. H. den Vers durch Zusätze zu ändern, um nur einige sprach-liche und logische Klarheit hineinzubringen. In dieser Un-klarheit wetteifert dies Lied mit dem später zu besprechenden König W e n z e l - l i e d e, das ebenfalls gefälscht ist. Fürwahr! es scheint, dass beide e i n e r l e i Quelle entsprossten, nämlich irgend einer böhm. Minneliedersammlung.

Das relative Ende vom Wyšehrad-Liede ist endlich nur eine ganz allgemeine fade Liebesklage, worin der Ausdruck „p o m i l u j“, erbarme dich, der s l a v i s c h e n Liturgie ent-lehnt zu sein scheint.

Hinsichtlich der F o r m, der Schreib- und Sprachweise nämlich, liegen der Anzeichen genug vor, die auf eine A b-s c h r i f t oder eine ungeschickte Uebersetzung verweisen.

Den Ausruf *ha!* kennt kein anderes alte böhmische Lied,
ja selbst kein böhmisches oder mährisches **Volkslied** beginnt
mit dieser Interjection. Die Formen: **stoiječi** und **stoiječ**
neben einander **widersprechen** sich, wie altes und neues.
Die Schreibweise **Vhltava** (vgl. altslav. vlъna, fluctus) ist
ganz slavisch-unförmlich, da die Spirans *h* hier ein jer vertreten
würde. Doch ist die Form „Wultava" (woraus einerseits Ful-
daha, anderseits Muldava entstanden sein soll) urkundlich zu
belegen. Der Buchstabe *h* spielt in dem Liede überhaupt eine
grosse Rolle, indem es 1) das alte *y* stellvertritt. z. B. in „hrdye"; 2) für *ch* steht. z. B. in „po-hladeczek"; 3) für sich
selbst, wie im neuböhmischen steht. wie z. B. in „ha!" Im
Worte „neboszczyk" ist irrig *š* für *ž* gesetzt. „Yazysm",
d. i. jáz-ism ist keine böhmische Form, so wie „malyi", d. i.
nach der Orthographie des Liedes „malji". „Pomyluy" d. i.
po-miluj bedeutet im altböhmischen: **erbarme dich!** sowie
auch **chud** in altböhmischen nicht den armen unglücklichen,
sondern den bösen üblen bedeutet. Inconsequent ist es, in so
wenigen Zeilen hintereinander zu schreiben zzyal, kezz, kdyzz
neben zyelye, tuziu. Das *y* vertritt im Liede auch alles mögliche: 1) echtes *y*, z. B. ty; 2) ein *ie*, z. B. hrdye; 3) ein *í*,
z. B. hodye; 4) ein *j*, z. B. yaz; 5) ein *i*, z. B. pomyluj. Doch
wird inconsequent auch geschrieben: rzieka, stoyie, slauieczek,
milost, ziuok, liepa u. a. In der Schrift hat das *y* manchmal
einen Punct über sich, manchmal nicht, z. B. tẏ, vsyem; mit
einem Worte: die Orthographie des Wyšehradliedes ist in sich
selbst inconsequent, wie in keinem alten. echten Liede. Auch
paläographisch erzeugt das Lied eine Menge Bedenken.
Wie das König-Wenzelslied ist es ein **Palimpsest.** Einst
stunden darauf sehr **kleine** Buchstaben, wie noch die Reste
einiger Zeilen nachweisen. Der Fälscher wählte aber **grosse**
Buchstaben-Formen, die Formen des 12. Jahrhunderts darstellen
sollen. Auf die altgezogenen Linien nahm er keine Rücksicht
mehr, da er bald **auf**, bald **in**. bald **unter** den Linien schrieb
und dies noch dazu ungleich förmig, wie etwa eine wenig geübte
Hand zu tun pflegt. Was die Tinte anbelangt, nannte sie Dobrovský „satis **recens**", doch weiss man nicht, welche Tinte
Dobrovský sah, da Jungmann (Musejnik, 1832. S. 242) sagte,
Linda hätte die Buchstaben mit einer **Schwärze** über-

zogen (černidlem). Dies černidlo verschwand aber wieder
vom Pergamen, das nun Buchstaben, mit braunschwarzem Tusche
gezeichnet, ausweiset, die bei der geringsten Benässung ganz
verschwinden, wärend echte, alte Schwärze selbst einem nassen
Schwamme trozet. Hält man das sehr durchsichtige Pergamen
gegen starkes Licht, so zeigt sich noch hie und da eine geringe
Spur der Linda-Schwärzung, z. B. beim Worte Vyšegrade. Jemand (d. i. wol *Hanka*, bei dessen bekannter Manie Handschriften zu verschönern und zu verbessern) überzog manche
Buchstaben auch mit g r ü n e n Strichen, vielleicht um eine
Aehnlichkeit mit der Grünberger H. herzustellen, dies merkt
man z. B. bei den Worten ha, tird (das einzige *w* des ganzen
Liedes), stoiye*sz*, c*z*ysty. Mit blassroter Farbe sind auch zwei
Uncialbuchstaben kennzeichnet. Die u n g e ü b t e Hand verrät
sich auch, wie gesagt, durch die u n g e r a d e n Zeilen, so ist die
erste Zeile wie im Bogen gekrümmt, und doch enthält sie, ob-
schon sie länger ist als die übrigen, nur 20 Buchstaben, wärend
die 4. kürzere Linie deren 26 enthält, die 11. aber sogar 28.
Die m o d e r n e Hand aber verrät sich durch die geneigte
Richtung der Buchstaben (zur rechten Hand hin), z. B. im
Worte stoiycsz besonders auffallend, wärend, wie bekannt, die
Alten senkrecht schrieben. Diese Fertigkeit hatte Hanka, ein
Beweis mehr, dass nicht e r der Schreibende war.

Um nun von dem Fälscher insbesondere zu sprechen, so
wiederholen wir vorläufig unsere obige Ansicht, dass dies wol
weder *Linda* noch *Hanka* gewesen war, sondern dass jemand
anderer das Lied dem *Linda* unterschieben musste, und dieser
es an Hanka verschenkte.

Einige Beweise dieser Behauptung sollen hier noch in Kur-
zem angeführt werden.

Ad *Linda.* Der Ruf Linda's war seinerzeit ein sehr geringer. Als er seinen „Originalroman" Záře nad pohanstvem
herausgab, wollte die gebildete Welt gar nicht glauben, dass
dies s e i n Product sein könne. Er selbst beweiset es in der
Vorrede zu seinem J a r o s l a v Šternberg, der 1823 herauskam, mit den Worten: „Viele haben mit gemeiner Naivität ge-
fragt: woher ich dies genommen, zusammengesucht, ausge-
schrieben oder übersetzt habe. Gegen diesen Irrtum bemerke
ich hier, dass es meine o r i g i n e l l e A r b e i t ist". In dieser

originellen Arbeit kommen nun in den Chören altböhmischer Jungfrauen und Jünglinge folgende rührende Stellen vor, die fast unübersetzbar sind:

„Divenky si poskakují po travninkách, po lučinkách, lehkou nožkou poskakují po květinkách, po lučinkách".

„My budeme vždy jen samy po lučinkách skákávati."

„Proč, dívenky, proč jen samy po lučinkách skákavati?"

„S vámi budem vždycky bývat, vždycky hrávat, poskakovat" (S. 22. 23.).

„By nebylo vás, jinochů, byli by nás nenechali".

„By nebylo vás, divenek, byli by nás přemocnili" (S. 32).

In der Beschreibung der Ankunft Čech's heisst es:

„Svůj pokrm měli na ovoci dubů — oděv jim byl nedvědi kůže — a lahůdkou jim nedvědi kýty; tak od vrchu k vrchu, od lesa k lesu brali se otcové naši do krajin těchto" (S. 44).

Bei der Beschreibung des Mädchenkrieges finden wir u. a. die Worte:

„Přes pole, přes luka tam do chrastin a lesa tmavého, kam se kolouch zděšený v les mrskal ve mžikavé skoky".

„Hej! hle! divky, kde jste? Han! ji se ozývala Vlasta, houkal i star Návoj, s ním divky si houkaly sem tam". Gewiss alles unter jeder Beschreibung elend: Sprache und Inhalt.

Versucht aber Linda altböhmisch zu reden, verfällt er gleich entweder in Uniformen oder Russismen: „Pobědonosný Swantewite! mohušči mečem i kopěm dalekobystrý okomže, uchomže: twoj meč jedním razom razkoliti možet welije hory, i kopě twoje možet pronžati kamenyje hory tvrdeje" (S. 121).

Ein solcher Mann hat gewiss das Vyšehrad-lied nicht zusammengestellt! — Mit welchem Rechte er aber als (redlicher? unredlicher?) Finder Pergamen und Schrift an *Hanka* verschenken konnte, wissen wir nicht: an und für sich gehörte das Lied — die Echtheit desselben angenommen — dem Eigentümer des Buches, an dessen Deckel es geklebt war und es ist der Leichtsinn staunenswert, womit Linda damit verfuhr. Es scheint, dass jemand hinter ihm stund, dem es daran gelegen war, dass das Lied unter die Leute komme.

Ad *Hanka*. Dass auch Hanka damals unfähig war, selbst auch nur ein solches Lied zusammenzustellen, beweisen folgende

Tatsachen: Im Jahre 1817 sagt Jungmann in der Vorrede zu
den „Starobylá skladanie" Hanka's: dass dem böhmischen Volke
willkommen sein werden diese von *Dobrovský* zusammen-
gestellten und von *Hanka* abgeschriebenen dichterischen
Handschriften (S. VII.). Hanka aber selbst sagt in der Einleitung (uvedení): „Bis zum 13. Jhrt. findet man (im böhmischen)
noch kein *h* für *g*". Das Vyšehrad-lied, obschon man es in
das 12. Jhrt. setzte, hat aber schon eine solche Substituirung.
„Man weiss auch nicht, wann eigentlich das schmetternde (břin-
kavé) *ř* oder *rz* der Čechen und Polen entstund" und doch
zeichnet sich das Vyšehrad-lied schon damit aus, z. B. „přzye-
krzye, rzicka". So widersprochen hätte sich selbst ein Hanka
nicht! —

In den Gedichten *Hanka's* (2. Aufl. 1819), die zumeist
nur Nachahmungen oder freie Uebersetzungen sind, z. B. das
Kosakenlied: Krásná Minko musim jiti, ach! mé srdce bolest
cítí etc., findet man auch ein Echo des Vyšehrad-liedes,
u. d. T. Tužba (S. 7), nur dass stat der Moldau die Elbe
(Labe) substituirt ist, sonst findet sich der slavíček, der
chládek und chrast wieder vor, und dazu mit der Un-
förmlichkeit, dass die Elbe ruhig (tiché) und zugleich schnell-
fliessend (rychle spěješ) genannt wird. In der 1. Ausgabe,
die u. d. T. Dvanáctero písní im J. 1815 und 1816 erschien,
kommt am Bl. 5 das Lied Lidka mit vor. Es lautet: Lidko
kdy pak řeč žadosti bude splněna, kdy budu smět říct (!)
s radostí: Lidko že jsi má", wobei sich Hanka damit entschul-
digt, dass diess sein erstes Lied gewesen, wo er von der
Prosodie noch nichts gewusst hatte. Und ein Jahr darauf
soll schon von ihm das Vyšehrads's-Lied gedichtet worden sein?
von ihm, der nichts wusste, dass říct eine inkorrecte und ge-
meine Form im neuböhmischen ist? Uebrigens nennt man
diese Ausgabe vom J. 1816 irrig die erste Hanka'sche, denn
es ist das eine Sammlung von 12 Liedern verschiedener
Autoren, welche nicht Hanka, sondern die Studentenschaft
herausgab. In der Ausgabe vom J. 1830 bessert Hanka das
fehlerhafte říct in das noch fehlerhaftere říc ab (S. 40).

Ad „Fälscher". Hanka war zur Zeit der Fälschung wol
schon 25 Jahre, Linda etwa 23 Jahre alt; allein ihr Bildungs-
grad entsprach nicht diesen Jahren. Das Vyšehrad-lied, wenn

es überhaupt durchaus gefälscht wäre, würde auf einen
ältern, in Slavicis erfahreneren Mann hinweisen, der wol
weislich Verse und Reime ausliess, um das Lied altertüm-
licher zu machen, da er an dem uralten Liede: „Gospodine
pomiluj ny" die Reimlosigkeit erkannte, obschon er mitten in
der Romantik stehend, den altertümlichen Ton nicht fest zu
erhalten wusste und in den Minnegesang verfiel. Diesen Mann,
der mit seinem Gedichte selbst einen *Dobrovský* täuschen konnte,
haben wir daher notwendig anderswo zu suchen: können jedoch
schon hier versichern, dass wir ihn in den J. 1815—1819 vergebens in ganz Böhmen als Autor des Liedes finden würden.

Wir haben alle diese Reflexionen über das Wyšehradlied bisher absichtlich ohne Rücksicht auf das im böhm. Museum aufliegende deutsche Wyšehradlied zu nehmen selbst
gemacht, um, im Falle, dass dieses deutsche Wyšehradlied für
gefälscht und unterschoben erklärt werden sollte, eine Reihe
von festen, unverrückbaren Prämissen beisammen zu behalten.

Es liegt nämlich im Museum zu Prag ein gelbes Quart-
blatt an sich festen, nun aber durch Gebrauch schon lädirten
Handpapiers auf, worauf mit ungeschlachten, sich nicht gleich-
bleibenden Zügen in einer gelbbräunlichen Tinte auf beiden
Seiten folgendes geschrieben steht:

Erste Seite. Alt-bömisches Lied. | O ducunsre Sonne,
| Wisehrads Festung | Stolz vnd kühne, | Stehst dv am steilen
Hang! | Stehst du am stillen Hang; | Den Fremdn ein schrek! |
Vnder dik de Flusz | So schnelle rolt vorbei — | rollt de Flusz
vorbei | Die Moldava | Na(h) Ufer des Fluszes, | Dez Moldava.
| Dvr(t) kleinez Nachdigol | Herzigliche Lied singd. — | Singd
au(ch) dravige. Jeglides Herzen. Zweite Seite. bald lvstih'
vnd dravrig. | O wer ih ene Nadigol, | Auf grinera Waltez Wiesse!
| Schmel Hevg ik hinero, | Wo dez (dey?) Thevre sich vergehtet!
| Bei Dähmervng — | Wo Alesz Liehbe wekt | Jegligesz Weszen
| Mit efrigen Bemühenn, | Sein Liet ihre klaght, | Wir sen ih
mich Vnglükhlicher | O holde nakh dir, | Erbarme dih dez
Armehn. | (Unterschrift rechts mit derselben Dinte: „Wazclaw
Chlomitza | Prahg den 20. May 1724" Unterschrift darunter
links mit ganz modern schwarzer Dinte: „obdržel v městě
Rábu | uhřich od P. Conducteura | Nagelholz | Franti: Příborský
| 29. září 1856 (Alle *s* sind im Liede lang).

Die böhmische Unterschrift lautet deutsch also: „erhalten
hat es in der Stadt Raab, Ungarn, vom Herrn Conducteur
Nagelholz Franz Příborský am 29. September 1856".

Auf den ersten Anblick macht das Ganze, Schrift und
Inhalt in ihrer holperigen Form den Eindruck eines schlechten
Spasses, erfunden und unterschoben als Spott über das gefälschte böhmische Wyšehradlied und eingesendet im J. 1856
an das böhmische Museum, welches damals, wo J. *Fejfalik* das
Wenzel-Lied bereits in dessen Falschheit zu erkennen begann,
das Wyšehradlied noch nicht für falsch erklärt hatte, in welchem
Falle wol Fejfalik selbst auf einem leeren echten alten Quart-
blatte die himmelschreienden deutschen Schriftzüge und Sprach-
Formen, böhmisirt oder ungarisirt, niedergeschrieben und für
das Museum nach Prag übermittelt hätte.

Allein es kommen dennoch M o m e n t e in diesem deutschen „Altböhmischen Liede" vor, die ein genaueres Eingehen
darauf und den Wunsch, dass die noch lebenden Herren Nagelholz und Příborský näher einzuvernehmen wären, wenigstens entschuldigen.

D as deutsche Wyšehradlied ist vor allem

1) k ü r z e r, es fehlt ihm der Gedanke: po kraju řieky
Vltavy čisty stojie siela hurastja pochládeček mil: am Ufer
des reinen Moldaustromes steht eine Menge Gebüsche, ein an-
genehmer kühler Ort. Mit diesem — an sich unnötigen —
Gedanken fällt aber auch die obenangedeutete Schwierigkeit mit
h u r a s t j a und p o c h l á d e č e k m i l, Gebüsche, angenehme
Kühle, weg. In den Zeiten, wo Wyšehrad „den Fremden ein
Schreck" war, suchte gewiss niemand unter ihm Kühlung, um
Liebessehnen nachzuhängen.

2) In der 2. Zeile heisst es „W y š e h r a d's F e s t u n g"
stat wie im böhmischen „du f e s t e r Wyšehrad". Wandelt man
nun in der böhm. Rückübersetzung das Adjectiv in ein Sub-
stantiv, so erhält man stat des grammaticalisch falschen Vo-
cativs: „Vyšegrade t v r d", den r i c h t i g e n Vocativ: V y š e-
g r a d a t v r d (tvrz) oder „V y š e g r a d s k á t v r d". Auch
das unböhmische H a! ist in O! verwandelt.

3) Fährt man in der Rückübersetzung fort und liest sohin: Smielie a hrdie stojěši, stoijěši na přiekřic skalie, vsiem
ejuziem po strach! dann fällt auch der grammaticalische Wi-

derspruch des s t o i j e š und s t o i j e š i hinweg, so wie das ge-
schraubte der Diction: na p ř i e k ř i c stoiješ, na s k á l ě stoi-
jéši, die sich höchst wahrscheinlich in keinem wahrhaft alten
Liede vorfand. Das Wort s k á l a kann auch ganz wegbleiben,
da p ř i e k ř i c, příkří, von selbst „steiler Hang" heisst. Der
Impostor mag „skálie" zur Deutlichkeit hinzugedichtet haben,
in der Meinung, es sei im altböhm. durch Zufall ausgefallen.

4) Uebersetzt man das deutsche: „ach, w ä r ich eine
Nachtigal", wörtlich ins altböhmiche zurück, nämlich „kéž bě-
jách (bjech) slaviečck", dann fiele das unförmliche j á z-i s m
ganz weg. Der Impostor verstand wol im J. 1816 nicht, was
bějach oder das gekürzte bjéch ist und setzte dafür jáz-jsm,
ich bin, eine Form, die nirgend anderswo vorkömmt.

5) Das Schlusswort: p o m i l u j ch u d a übersetzt *Dobrovský*
allein (1818. S. 110) richtig: „e r b a r m e d i ch des armen",
Svoboda (1829. 205) irrig: „sei m i l d e dem armen", und eben
so Graf *Thun* (1845. S. 109): „l i e b e d u", allerdings richtig
nach dem n e u böhmischen: das deutsche Vyšehradslied hat
aber wiederum mit dem altböhmischen und Dobrovský ganz
richtig: „e r b a r m e d i ch des Armen".

Demnach könnte man als die ursprüngliche Form des
böhmischen Liedes ungefähr folgendes annehmen:

O ty našie slunce, Vyšegrada tvrď!
Smielie ty a hrdie na přikřic stoiješi
Na přikřic stoiješi všiem cjuziem po strach!
Pod tobú řieka bystra valic sie,
Valic sie řieka Vultava jara
Tu slaviečck malý veselo pieje,
Pieje i mutno kako srdečko
Radost jeho neb žial jeho čjuje.
Kéž bjéch slaviečck v zeleném luzie
Ručě bych lecial, kdě draha chodie
Večerem pozdno; když všie milost budie,
Všieliký živok velim snabženstviem
Žal jejie žielie: jáz neboščiek tnžiu
Po tobie, liepá! pomiluj chuda.

Dass im deutschen Vyšegradliede viele und bedeutende
Schreibfehler unterlaufen sind, ist offenbar: so z. B. lesen wir
einmal: s t e i l e n Hang, das anderemal s t i l l e n H a n g; einmal

rolt einmal rollt; sein Liet ihre klagt, stat: sein Leid ihr
klagt — wir sen ih mich, für: wie (wiu) sehu ich mich: solche
und ähnliche Fehler hätte ein Fejfahk oder ein anderer ihm
ähnlicher Spassvogel nicht so leicht gemacht; sie und die andern Unförmlichkeiten, die alte Formen mit neuern mengen,
sprechen eher für als gegen die Echtheit des deutschen
Liedes. Auf der ersten Seite des deutschen Liedes, links
oben, steht senkrecht geschrieben: „Praha na twazatino M(aji)
1724" was im verdorbenen deutsch-böhm. Dialecte so viel ist
als Prag am 20. (Mai) 1724, also ursprünglich die Datirung der
Liederabschrift, aber böhmisch ist. Es kömmt uns vor, dass
das Lied dem Václav Chlomitza, der nicht gut hörte noch
auch gut deutsch kannte, dictirt worden wäre, so dass die
Fehler und Widersprüche in der Grammatik und Orthographie
nicht dem Originale, sondern ihm, dem letzten Aufschreiber
galten. Es blieben auch merkwürdig viele Mahnungen an mhd.
Formen im Liede, z. B. in der Schreibart: dez Fluszes, hinero?,
kleinez, Waltez, so dass die Urform des deutschen Liedes unmöglich im J. 1724, sondern spätestens im Anfange des 17.
Jahrhunderts verfertigt sein musste und fortan immer mehr und
mehr dem mündlichen oder schriftlichen Verderbniss bloss gestellt wurde, bis es zu seiner gegenwärtigen barbarischen Gestalt gelangte.

Diese barbarische Gestalt — die ferne steht jeder dia-
lectischen Eigentümlichkeit und nur in der Verderbniss der
Schriftsprache im Munde eines ungebildeten Böhmen oder Ma-
gyaren besteht — lässt sich auf diese Weise durch den Einfluss der Zeit und der Personen einigermassen wenigstens erklären: nicht so aber etwa die Annahme einer ursprünglichen
Gefälschtheit und Unterschobenheit der deutschen
Uebersetzung des Vyšehradliedes, in der Form, wie es dem
böhm. Museum eingesant wurde.

Ein Deutscher, wenn er gefälscht hätte, hätte in bessern
Formen gefälscht, und das Falsum dann nicht für eine Uebersetzung aus dem Altböhmischen, sondern für das Original
selbst erklärt, welches der böhm. Impostor mühselig ins böhmische übertragen und 1816 seinen Landsleuten wieder unterschoben hätte: stat dass nun umgekehrt ein echtes „Altböhmisches Lied" als das Original vorausgesetzt werden

2*

muss, weil eine barbarische deutsche Uebersetzung
als die Copie desselben vorliegt. Eiu Böhme kann als Fälscher
des deutschen Wyšegradliedes gleichfalls nicht angenommen
werden. obschou manche Formen allerdings, wie gesagt. sehr
gemein böhmisch-deutsch klingen, z. B. „Durt kleines Nachtigol
herzigliche Lied singt, singt auch traurige", ja sogar noch Stücke
von böhmischen Formen zurückgeblieben zu sein scheinen, z. B.
ausser dem Datum: „na dvacatiho" die Formen: na Ufer des
Flusses, stat am; jeglidez Herzen für böhmisches: je-li srdečko, d. i. falls das Herzchen, was jedoch nur scheinbar zu-
rückblieb, da na wol für nahe und jeglidez für jegliches
steht. Allein ein Böhme hätte gerade solche heimatlichen An-
klänge vermieden und in ehrbarerem Gewande sein Gut in die
Fremde gebracht, wenn er damit hätte täuschen wollen. Aber
wen hätte er wol damit täuschen wollen, da Uebersetzungen
Dobrovský's, Svoboda's und des Grafen Jos. Math. von Thun
ohnehin bestunden, so lange das Böhmische als echt galt und
als es für unterschoben erklärt worden war, hätte wol da eine
Uebersetzung, wie „schnell fleug ich hinero, wo dez Theure
sich vergehtet, bei Dämmerung" etwas gefruchtet?

Es bleibt somit vorläufig nichts übrig, als in der Tat
folgendes anzunehmen:

A. Es gab ein, jetzt bereits unbekanntes, böhmisches
Original, wovon auch eine deutsche Uebersetzung, etwa in
einem von einem Böhmen für Deutsche angelegten Liederbuche
bestund.

B. War das böhmische Original dem böhmischen
Plagiator bekannt, dann schrieb er es, das etwa dem 14. 15.
Jahrt. angehörte, mit Lettern des 12. und 13. Jhrts., hie und
da manches ändernd, auf ein altes Stück Pergamen ab und die
Fälschung war fertig.

C. Kannte jedoch der böhmische Plagiator das böhmische
Original nicht, sondern nur eine mhd. Uebersetzung davon, dann übersetzte er die Uebersetzung zurück in das altböhmische. — Dieser Fall ist aber wol in abstracto, nicht
aber in concreto, d. i. in den damaligen concreten Verhältnissen des J. 1816 denkbar; denn gegeben wären dann
ja nur die Gedanken gewesen: im J. 1816 war aber niemand im Stande, einen solchen altböhmischen Sprachorga-

nismus zu Stande zu bringen, wie ihn das Wyšegrad-Lied
enthält, das selbst einen Jos. *Dobrovský* jahrelang täuschen
konnte und selbst noch im J. 1845 von einem Jos. P. *Šafařík*,
da dieser nicht das Pergamen ansah, nicht als unecht erkannt
worden war. Ja selbst die Entdeckung der Fälschung konnte
gegen das J. 1857 n i c h t aus linguistischen Gründen allein,
sondern vorzüglich nur aus p a l ä o g r a p h i s c h e n Gründen
nachgewiesen werden, die hauptsächlich darin lagen, dass man
auf einem Palimpseste mit l ö s l i c h e m T u s c h e und mit Lettern
des 13. Jhrts. ein altböhm. Minne-Gedicht geschrieben vorfand.

Das sind also etwa die S c h l u s s f o l g e r u n g e n, welche
aus dem Vorhandensein des deutschen Wyšehradli edes insbe-
besondere fliessen und ein ehemaliges böhmisches Original
bestätigen.

Interessant war sohin auch die Nachricht. die am 25.
October 1867 die „Mittheilungen des V e r e i n e s für Geschichte
der Deutschen in Böhmen", bei Gelegenheit der Besprechung
der Schrift: „Das Schrifttum und Schriftwesen der böhmisch-
slovenischen Völkerstämme in der Zeit des Ueberganges des
Heidentums in das Christentum" S. 14 brachten. Diese Nachricht lautete nämlich: „ Erst neuerlich wieder haben Spuren in
die Klosterbibliothek des Stiftes S t r a h o v geführt, wo noch
zu Ende des vorigen Jahrhundertes ein d e u t s c h e s L i e d e r-
b u ch vorhanden gewesen sein s o l l, das seitdem verschwunden
ist. Die A b s c h r i f t eines d e u t s c h e n W y s c h e h r a d-
l i e d e s, welche gleichfalls aus jenem Liederbuche herstammen
s o l l, hat ein Mitglied des deutsch-historischen Vereines bereits
v o r J a h r e n d e m b ö h m i s c h e n M u s e u m übersendet." —

Eben dieses übersendete Vyšehradlied haben wir so eben
besprochen und stimmen ganz mit dem Referenten überein, dass
es im Mittelalter in Böhmen d e u t s c h e L i e d e r b ü c h e r
gegeben habe, welche sich den Inhalt böhmischer Lieder eben
so zurecht legten, als es b ö h m i s c h e G e s a n g b ü c h e r
gab, die wiederum deutsche Lieder in Uebersetzungen in sich
aufnahmen. Ein Beweis der erstern wäre eben das verloren-
gegangene (oder hoffen wir sagen zu können, das nur verlegte)
Strahover Liederbuch gewesen, da die Aufschrift des Fragmentes: „A l t b ö m i s c h e s L i e d" offenbar mit auf böhm.
Inhalt deutet.

Ein böhmisches Liederbuch mit übersetzten deutschen Liedern werden wir weiter unten noch näher kennen lernen, wenn wir von dem Gedichte „der Maitraum" zu sprechen haben werden. Dies böhmische Liederbuch erliegt in Prag in der Bibliothek des Freiherrn Johann von Neuperk und ist genau beschrieben von Václ. *Nebeský* im Musejník vom J. 1848. I. Band. S. 114. Es war einmal in der Bibliothek des Peter Vok von Rosenberg, sohin vor dem J. 1609 entweder in Krumau oder Wittingau gewesen. Da es viele Minnelieder enthält, so liegt nichts im Wege, anzunehmen, dass vielleicht an einer von den vielen ausgerissenen Stellen einst auch die Píseň pod Vyšehradem stund, von dem Impostor überschrieben und sodann vernichtet wurde·

Solcher Liederbücher muss es im Mittelalter in Böhmen gar viele gegeben haben. So enthält eine Handschrift des Prager philosophischen Doctorencollegiums (Sign. Oeconom. 73. 14.—I.) ein Diarium des collegium magistrorum de omnibus Sanctis (Bl. 231), worin in einem alten Büchercataloge acht Bände carminum bohemicorum in 4⁰ genannt werden, welche im Gegensatze der geistlichen Lieder oder cantiones, weltliche Lieder, sohin gewiss auch Minnelieder enthielten. —

Doch wir haben bisher nicht berichtet, wie denn eigentlich dies deutsche Wyšehrad Lied in das böhm. Museum kam.

Soweit sich etwas aus den im Museum vorliegenden Briefschaften über diesen Gegenstand, die mir durch die Gefälligkeit des H. Musealbibliothecars *Vrťátko* zugänglich wurden, besonders aber aus der Antwort des Einsenders, Herrn *Nagelholz*, die er an den Bibliothecar des Vereins der Deutschen in Prag, Herrn Rud. *Glaser*, am 22. November 1867 einsendete, die mir gleichfalls mit sehr dankenswerter Gefälligkeit zur Benützung freigestellt wurde, entnehmen lässt, ist der factische Vorgang etwa folgender:

1. Im Anfange der 50er Jahre unseres Jahrhunderts kam der Herr Eisenbahnconducteur, Karl *Nagelholz*, gegenwärtig im Ruhestande zu Tuschkau bei Pilsen lebend, mit dem H. Jul. *Weber*, dem Sohne des Geometers bei der damaligen Wien-

Gloggnitzer Eisenbahn, gegenwärtig Conducteur bei der Süd-
bahn in Wien, in Wien zusammen und wurden näher mit
einander bekannt.

2. H. Julius *Weber* hatte in Wien seinen ehemaligen Pro-
fessor bei den Piaristen zum Freunde, dessen Namen wol
H. *Nagelholz* einmal vom H. Weber hörte, nun aber vergass.
Der Professor ist zwar schon lange tod, doch H. Weber würde
dessen Namen noch nennen können. Der Professor war ein
Sammler von Antiquitäten und Raritäten, und hatte auch dies
Exemplar des Vyšehradliedes in seinem Besitze.

3. Aber auch H. *Nagelholz* war ein Freund und Sammler
von Antiquitäten und Raritäten, weshalb ihm H. Julius *Weber*
aus den Sammlungen des Professors manches als Geschenk
brachte, darunter befand sich auch das deutsche V y š e-
h r a d l i e d.

Es s c h e i n t, dass bei der Uebergabe desselben dem
Herrn Nagelholz berichtet wurde, dies Vyšehradlied rühre aus
einem Liederbuche aus dem Stifte S t r a h o v in Prag her,
ferner, dass der im J. 1724 auf dem Liede unterschriebene
Wazelaw Chlomitza „P a t e r i n S t r a h o v" gewesen sei, wenigstens behauptet H. Nagelholz, an diese Tatsachen sich zu
erinnern, wärend beim H. Jul. *Weber* die Erinnerung an das
Lied, sowie an dessen Nebenverhältnisse verblasst sein sollen,
troz dem er sich in jüngern Jahren bemühte, die abstrusen
und ältern Wortformen des Liedes in nun geläufige deutsche
Formen zu verwandeln. Auf die Autorität des H. Strahover
Stiftsbibliothecars hin, können wir aber nun versichern, dass
es einen Herrn *Wenzel Chlomitza* nie im Stifte Strahov als
„Pater" gegeben habe. Vgl. auch den Univ. codex 14. D. 9.

4. Im J. 1856 wurde H. Nagelholz von Wien nach R a a b in
Ungarn versetzt, wohin er auch das Vyšehradlied mitnahm. Dort
kam er nun mit dem Böhmen H. Fr. *Príborský*, Bahnassistenten,
zusammen und wies demselben, als Böhmen, auch das „a l t b ö h-
m i s c h e L i e d", d. i. dies deutsche V y š c h r a d-L i e d vor.
Da damals der „Verein der Deutschen in Böhmen" noch nicht
bestund, so ersuchte ihn H. Príborský, das Lied als Geschenk
an das böhmische Museum zu senden, was denn durch H. Příborský in der Tat geschah, als er selbst nach Prag reiste und
am 27. September 1856 das Lied an das böhmische Museum

abgab. H. Bibliothecar *Hanka* liess das Lied aber, da er es
für ein F a l s i f i c a t hielt, ruhig liegen, so dass nach dessen
im J. 1861 erfolgten Tode der gegenwärtige erste Bibliothecar.
H. *Vrťátko,* nichts davon erfuhr, bis er es, genau nachsuchend,
fand, als es im J. 1864 H. Nagelholz zurückzufordern begann,
in der Meinung, es gehöre mit zu den Liedern der Königinhofer Handschrift. — —

So lückenhaft nun auch diese Nachrichten über den Ursprung des Liedes immerhin lauten, so enthalten sie nicht das
mindeste, was f ü r die V e r f ä l s c h t h e i t der gegenwärtigen
Abschrift spräche, im Gegenteil schützen sie die deutsche
Uebersetzung „des a l t b ö h m i s c h e n L i e d e s“, wenn auch
dessen „böhmische Copie“ vom J. 1816 gefälscht ist.

Um aber nun in dieser Beziehung sicher zu gehen, d. h.
die E c h t h e i t d e s d e u t s h e n V y š e h r a d l i e d e s, das auf
ein altes, echtes, nun verlorengegangenes böhmisches Original
offenbar hinweiset, durch Kenner prüfen zu lassen, bat ich den
Oberbibliothecar des böhmischen Museums, Herrn Antonín Ja-
roslav *Vrťátko,* das d e u t s c h e und das b ö h m i s c h e Exemplar
zu einer Sitzung in der kön. böhm. Gesellschaft der Wissenschaften gefälligst mitzubringen, was auch bereitwilligst geschah.
Die Sitzung selbst fand am 25. November 1867 stat (Siehe die
Sitzungsberichte vom J. 1867. II. Heft. S. 89.). Gegenwärtig
waren tüchtige Kenner von Handschriften, z. B. Herr Prof. und
Dr. *Schulte,* Herr Rud. *Glaser,* Bibliothecar der Fürst Fürsten-
berg'schen Bibliothek und der Bibliothek des Vereines der
Deutschen in Prag, Herr A. *Zeidler,* zweiter Scriptor der Prager
Universitätsbibliothek, alle entschiedene Deutsche, und alle er-
klärten nach geschehener Durchforschung des d e u t s c h e n
Exemplares des Vyšehradliedes dieses Exemplar troz all' seiner
Schrullen für unbezweifelbar e c h t, was Papier, Dinte und
Schrift im besondern, so wie den Eindruck des Ganzen im all-
gemeinen betrifft — wodurch sohin die Anzweiflung desselben
Exemplar's im Museum durch Hanka in das Nichts zurücksinkt.
Diese Anzweiflung Hanka's ist eben wiederum ein eigentümlicher
Zug seines sonderbaren Charakters: denn in s e i n e m Interesse
wäre es gelegen gewesen, das d e u t s c h e Exemplar als e c h t an-
zuerkennen, weil er ein unbedingter Verfechter der E c h t-
h e i t des böhmischen Vyšehradliedes war, das deutsche Lied

aber geradezu als Uebersetzung aus dem altböhmischen sich erweiset. Hier gieng also Redlichkeit 'mit Kenntnisslosigkeit, wie bei ihm öfters, Hand in Hand. Im Interesse der Deutschen wäre es wiederum gelegen gewesen, das deutsche Vyšehradlied als unecht hinzustellen, weil sodann das böhmische Exemplar nicht nur der Form, sondern auch dem Inhalte nach als gefälscht hätte betrachtet werden können: die deutschen Kenner erklärten es aber alle für echt; hier gieng sohin Redlichkeit mit der Kenntniss Hand in Hand.

Und so hätten wir denn dies unglückliche böhmische Vyšehradlied nach allen Seiten hin betrachtet — ohne und mit Rücksicht auf das deutsche Exemplar desselben und kamen in beiden Fällen auf das nämliche Resultat, es sei eine gefälschte Copie eines altböhmischen alten Minneliedes, das verloren gegangen oder wenigstens verborgen ist.

Es bliebe nun noch die Untersuchung übrig — da wir *Linda* und *Hanka* der Fälschung nicht zeihen konnten — wer der Fälscher gewesen.

Da wir jedoch den Fälscher des böhm. Vyšehradliedes für eine und dieselbe Person halten, wie den Fälscher des König Wenzelsliedes, so müssen wir vorläufig vom Vyšehradliede Abschied nehmen und uns auf die Untersuchungsreise ins Gebiet des König Wenzelliedes begeben.

II. Das König Wenzels-Lied.

Im Jahre 1823 veröffentlichte der gutmütige und leichtgläubige Wáceslav *Hanka* „aus einer Handschrift des National-Museums" ein Liebeslied König W e n z e l s und fügte zum Vergleich das d e u t s ch e Lied „Künnig Wenzel von Boheim" nach der Manessischen Sammlung u. zw. im 5. Bändchen seiner schon oft gedachten Starobylá skladánie bei. Ja noch mehr. Er fügte sogar zum mhd. Texte die halb neudeutsche Paraphrase (Erneuerung) Ludw. *Tieck's* hinzu, wie sie dieser 1803 in Berlin (Minnelieder aus dem schwäbischen Zeitalter) veröffentlicht hatte (Nr. 27. S. 37).

Dieser ganze gelehrte ungewöhnliche Apparat Hanka's in einer ganz böhmischen Lieder-Sammlung sollte gewiss dazu dienen, zu zeigen, dass ihm (Hanka) gar viel an jenem Liede liege (S. 220, 227).

In der Vorrede (S. IX.) sagt Hanka ferner noch selbst: „Ueber das Wenzelslied berichtet am ausführlichsten Prof. „*Löhnert*" in der Prager Zeitschrift A p o l l o (XII. 1794). Es ist dies Wenzel 1., der Vater Otakar's; die Beweise dafür galten jedoch für das d e u t s ch e Lied: es bleibt jedoch jetzt noch mehr zu erörtern. Denn das b ö h m. Fragment fand sich am D e c k e l eines alten Manuscriptes, und es entsteht die Frage, w a s i s t O r i g i n a l und w a s C o p i e? Dann, falls sich das böhmische als Original kund täte, ob sie Wenzel wirklich gedichtet. Ich selbst will mir k e i n Urteil darob anmassen (osobovati), ich bemerke nur, was i c h gerade denke. Bei dem Wenzelsfragmente befindet sich auch „d e r H i r s c h" (jelen) aus der K. H. (S. 119.). War die Form des Manuscriptes nicht Folio, so war sie wenigstens Quart, denn es ist ersichtlich, dass es in drei Columnen geschrieben war. Der Buchstabenform nach zu schliessen, war die Handschrift wenigstens E i n H u n d e r t J a h r e ä l t e r a l s d i e K. H. Sie war in einer Sammlung altböhm. Originallieder, sie ist viel k e r n i g e r, als die v e r s c h w o m m e n e d e u t s c h e Uebersetzung, die noch dazu g e r e i m t ist. — -- Dichtete König Wenzel (ge-

boren 1204) deutsch, so ist es möglich, dass er dies, vor
Zeiten schon gedichtete, böhmische Lied übersetzte, am
wahrscheinlichsten ist mir jedoch die Annahme, dass irgend
ein fahrender Sänger mit zu Hilfenahme eines böhmischen
Höflings zur Verherrlichung (ku poetivosti) seines grossmütigen
Schutzherrn die böhmischen Lieder übersetzte und sie demselben widmete, worauf sie unter dem Namen des „König
Wenzel" in die Manessische Sammlung kamen" (Vgl. Dobrovský, Gesch. d. b. Lit. 1818. S. 88. 89.).

Diese wie immer verworrenen Ansichten *Hanka's* beweisen
unserer Meinung nach schon an und für sich, dass er selbst der
Urheber des gefälschten, böhmischen Wenzelsliedes nicht
war; die gewöhnliche Unklarheit und mysteriöse Zerfahrenheit
seines ganzen Wesens zeigt sich hier noch ganz besonders in
dem Umstande: dass er nicht einmal erwähnt, wer der beiden
Lieder glücklicher Finder und wann er dies war und auf
welchem Bücherdeckel sich die Handschrift des böhm. Museums
vorfand? —

Dieser Glückliche war aber Johannes *Zimmermann*, Scriptor
bei der Prager Universitätsbibliothek, welcher die Unverschämt-
heit hatte, beide Lieder — das Wenzelslied und das aus
der K. H. abgeschriebene Lied Jelen — an den Oberstenburggrafen in Prag einzusenden, um sie auf diese hoffärtige
Weise dem böhm. Museum zu schenken, woher erst *Hanka's*
unklarer Ausdruck „Handschrift aus dem böhmischen Museum"
klar wird.

Im J. 1829 gab Prof. W. *Swoboda*, der, wie wir bereits
wissen, früher Gymnasialprofessor zu Neuhaus in Böhmen, dann
zu Prag war, die 2. Ausgabe der K. H. heraus. Darin sagt er
(S. XIV.) über das Wenzelslied folgendes: „Zudem fand Herr
Scriptor *Zimmermann* ein Blättchen, worauf „der Hirsch"
in einer Abschrift, die nach den Characteren zu schliessen,
zwischen 1230—1250 gefertigt worden, folglich jedenfalls älter
ist, als die Königinhofer Sammlung". Hier ist also wiederum,
wie es beim Wyšehradliede früher stattfand, nur vom Blättchen die Rede, der Codex, dem es abgenommen ist, wird schon
in den Hintergrund zu drängen versucht. Wie wir jedoch
gleich sehen werden, verhinderten dies gänzliche Zurück-
drängen *Palacký* und *Šafařík*.

In demselben Jahre 1829 noch hatte nämlich Fr. *Palacký* eine kritisirende Anzeige dieser Auflage der K. H. in den Wiener J. B. der Literatur (48. Bd. S. 167) niedergelegt. Darin heisst es: „Auch über König Wenzel I. Minnelied ist der Streit (über die Echtheit) noch unentschieden. Das Pergamenblatt nämlich, welches H. Scriptor *Zimmermann* auf dem Deckel eines Buches in der Prager öffentlichen Bibliothek fand und welches der Schrift nach ganz sicher aus der Mitte des 13. Jahrhundertes stammt, enthält ausser dem Liede „der Hirsch" u. s. w." „Das Minnelied ist an einigen Stellen so dunkel und verworren, dass man den Zusammenhang mehrerer Sätze und ihre eigentliche Bedeutung kaum angeben kann; das ganze Lied erscheint als ein Aggregat poetischer Bilder und Phrasen ohne organischen Zusammenhang. So hat unseres Wissens kein alter böhmischer Dichter gedichtet". —

In der Einleitung zu des Grafen Jos. Mathias von *Thun*, „Gedichten aus Böhmens Vorzeit" sagt (S. 18. 19) wiederum Jos. P. *Šafařik* im J. 1845 wie folgt: „Das um das Jahr 1823 vom Bibliotheksscriptor J. *Zimmermann* aufgefundene Fragment, ein unvollständiges Pergamentblatt, von dem Deckel einer alten Handschrift abgelöst" u. s. w. „Leider giengen dem Finder mehrere ähnliche Partikeln derselben Handschrift, als er sie unbedachtsamerweise im offenen Fenster trocknete, durch den Luftzug verloren".

Etwas Aehnliches berichtet auch J. *Jungmann* in der 2. Ausgabe seiner „böhmischen Literaturgeschichte im J. 1849" (S. 17. N. 15), gleichfalls ähnliches der „Výbor (Auswal) aus der altböhmischen Literatur im J. 1845" (S. 55), die alle auf die Redlichkeit *Zimmermann's* vertrauend, ohne nähere Prüfung des corpus delicti, dessen Inhalt in ihre Werke aufnahmen.

Das Gedicht wurde sohin, sonderbarer Weise, noch immer als echt respectirt, nur dass *Palacký* abermals in seiner Geschichte von Böhmen (II. 1. S. 97) es verächtlich nur „ein süsses Verbiage ohne bestimmte Handlung und Idee" nannte. Das war im J. 1839. Im J. 1847 griff es aber Moritz *Haupt* in den „Berichten über die Verhandlungen der königl. sächs. Ges. d. W. in Leipzig" (I. Bd. 1848. S. 257—265) geradezu als unecht an und zwar so siegreich, dass die Slav. Jahr-Bücher fast vergebens in demselben J. 1817 gegen Haupt auftreten konnten.

Dies bewog später, ungefähr zu gleicher Zeit, W. *Nebeský* zu Prag und J. *Fejfalik* zu Wien, eine noch eingehendere Kritik des sonderbaren Liedes nach jeder Seite hin anzustrengen, namentlich aber zugleich die fragliche Beziehung desselben zu König Wenzel zu erörtern. Im J. 1854 schrieb nämlich W. *Nebeský* eine eigene Abhandlung über König Wenzel I. als deutschen Dichter (Museju. S. 347—363). In dieser Abhandlung wird zwar nicht unmittelbar, wol aber mittelbar, wie man sagt „zwischen den Zeilen" die Unechtheit des Liedes vorausgesetzt und namentlich mit Recht darüber geklagt, dass die Tatsache der Auffindung der Handschrift nirgends ins einzelne genügend bezeugt, nirgends deutlich erklärt wird, gerade so, wie es bei dem Vyšehrad-liede der Fall war, wo die Ausgabe *Hanka's* eine Art asylartige Schutzmauer für das verdächtige Individuum bildete. Bei Nebeský findet man auch die reiche Literatur über dies Lied u. zw. von Seite der Slaven und Deutschen.

Endlich machte im J. 1856 Jul. *Fejfalik* dem langen Versteckenspielen mit dem Liede ein Ende, als er absichtlich des Fragmentes halber nach Prag kam. Auf sein Anraten und Andringen hat auch der Museal-Ausschuss am 13. Jänner 1857 also fast erst 40 Jahre nach dem wahren Erscheinen des Liedes, eine eigene Commission zusammengestellt, welche das Pergamen und die Tinte des Fragmentes zu prüfen hatte. Ein Monat darauf, den 17. Feber 1857, gab die Commission in der Tat vor dem Musealausschusse das Gutachten ab, dass das Fragment gefälscht und untergeschoben sei! Diese Beschleunigung veranlasste *Fejfalik's* Vorlesung in der königl. böhm. Gesellschaft der Wissenschaften am 9. und 15. December 1856, welche dasselbe Resultat vor den Versammelten (den Herren: *Hanka*, *Vocel*, *Tomek*, *Hanuš*, *Hattala*, *Doucha*, *Bezděka*, *Štule*, *Zap*, *Höfler*, L. v. *Hasner*, *Storch*, *Vrťátko*, *Weitenweber*, Graf v. *Wratislav*, *Grohmann*) nachwies. Fortgesetzte Studien über die Wirksamkeit König Wenzels und begründete Kritiken über das Fragment reiften nämlich in Fejfalik zur Ueberzeugung so heran, dass er alles vollständig zusammen -

fassend, noch einmal am 9. December 1857 in der Sitzung der
Wiener Academie eine gelehrte Abhandlung über König
Wenzel als Dichter und über das böhm. Falsificat halten konnte
(Sitz. Ber. 25. Bd. Jahrg. 1857. S. 326—378). Die Haupt-
gründe seiner Kritik waren allerdings schlagend: 1. Das Pergamen war wieder wie beim Vyšehradliede ein Palimpsest,
an welchem das Microscop unter den gefälschten, angeblichen
Zügen des 12. Jhts. Züge aus dem 15. Jhrt. vorfand. 2 Der
böhmische Text enthielt nach Fejfalik's Meinung in sich alle
Fehler, welche in den neuhochdeutschen Uebersetzungen
des Pater Casp. Boušek am Strahov (1794) und Lud. Tieck's
(1803) sich vorfinden, er konnte sohin nicht eher als im 19. Jhrt.
geschrieben worden sein.

Der nähere Sachverhalt mit diesen neuhd. Uebersetzungen
des Wenzelsliedes ist aber folgender: Zwei Zürcher Bürger,
Vater und Sohn, mit Namen Rüdiger Manesse von Maneck,
sollen nach Bodmer's Meinung im Anfange des 14. Jhrts. eine
mittelhochdeutsche Minneliedersammlung angelegt haben, die
sich in einem Pergamenmanuscripte in der Pariser und in einer
spätern Papierhandschrift aus dem 15. Jhrt. zu Weimar erhielt
(siehe darüber von Hagen: Minnesinger IV. S. 628, 701, 896).
Diese „Pariser Handschrift", oder wie sie früher genannt
wurde, diese Manesse'sche Liedersammlung, gab im J. 1748 und
1758 Bodmer in Zürch durch den Druck heraus.

Da nun in der 2. Hälfte des vorigen Jhrts. der patriotische
und literarische Eifer der Böhmen bereits lichterloh, obschon
noch nicht im böhmischen Gewande brannte, so machte die
Verbreitung der Herausgabe Bodmer's namentlich in Prag eine
grosse Sensation, weil man in Manesse's Sammlung den „König
Wenzel von Behein", freilich neben einem fingirten
König Tirol von Schoten, nicht nur im Miniaturgemälde,
sondern auch als Dichterkönig vor sich sah. Darauf achtete
man allerdings nicht kritisch, ob denn die drei Königslieder wirklich von einem Könige Wenzel gedichtet oder
aber nur ihm gewidmet worden waren, wie wenigstens die Mi-
niatur anzudeuten scheint (von der Hagen. Bd. IV. S. 18.).
Man stritt nur einzig und allein darüber, ob der Dichter König
Wenzel I. (1205+1253) oder Wenzel II. (1271+1305) gewesen
wäre (Procházka, de liberalium artium in Bohemia et Moravia

fatis, S. 118. *Dobrovský*: Magazin von Böhmen, I. H. — Gesch.
der böhm. Liter. 1818. S. 89), was allerdings aus dem blossen
Inhalte des „süssen Verbiages" dieser Lieder nicht wol zu entnehmen war. Das Interesse der eigentlichen Böhmen (Čechen)
und der Deutschen in Böhmen war bei diesen Liedern freilich
sehr verschieden.

Die Deutschen nahmen natürlich die Lieder der Manesse'-
schen Sammlung für Originale an und den fraglichen Wenzel
für einen d e u t s c h e n Dichter, in welcher Ansicht sie die
Geschichte der letzten Přemysliden sattsam bestätigte.

Der Gymnasial-Prof., Dr. *Löhner* (sie, nicht Löhnert, wie
er auch irrig geschrieben wird), bestimmte nun schon im Jahre
1794 die ganze Angelegenheit etwas näher, indem er in die
Prager M e i s s n e r'sche Zeitschrift „A p o l l o" genannt (1794.
III. Bd. S. 301—335), den Beweis einrücken liess, dass als
Dichter unmöglich Wenzel II., sondern nur Wenzel der I.
gelten könne, dass es sich daher vorzugsweise um die möglichst
grösste Bekanntmachung und Verbreitung des Liedes handle,
damit der Einfluss d e u t s c h e r B i l d u n g in Böhmen in so
früher Zeit um ein Factum mehr bestätiget werden könne.
Prof. Löhner gieng sohin auch den damaligen Bibliothecar im
S t i f t e S t r a h o v, Pater Caspar *Boušek*, an, diese drei Wenzelslieder f r e i z u ü b e r s e t z e n u n d z u e r k l ä r e n, was denn
auch in derselben Zeitschrift „Apollo" noch in demselben Jahre
1794 geschah. Dazu kam noch im Anfange unseres Jhts. (1803
in Berlin) die „erneuerte" sogenannte Uebersetzung L. *Tieck's*,
in welcher sich die Königslieder auf den S. 36—39 befinden.

Von Seiten der meisten Böhmen etwa mit Ausnahme von
Dobrovský (W. J. B. 1827. 37. Bd. S. 20), *Palacký* (W. J. B.
1829. 48. Bd. S. 167) und *Nebeský* (Museju. 1854. S. 347) gieng
aber das Interesse dahin, die deutschen Wenzelslieder als eine
Uebersetzung aus dem b ö h m i s c h e n nachzuweisen und einen
b ö h m i s c h e n D i c h t e r auf den b ö h m i s c h e n Thron zu
setzen. Nur darin stimmten Böhmen und Deutsche, etwa
wiederum mit hauptsächlicher Ausnahme *Fejfalik's*, freilich
abermals aus verschiedenen Gründen, überein, dass der Dichter
König W e n z e l I. sein müsse, die B ö h m e n, weil die frühere
Zeitepoche, der A n f a n g des 13. Jhts., dem Böhmischen gün-
stiger schien, als der Anfang des 14. Jhts.; die D e u t s c h e n

aber, weil **Wenzel** des I. Neigung und Unterstützung der
Deutschen notorisch war. Den Böhmen schien sohin alles daran
gelegen, ein b ö h m i s c h e s O r i g i n a l zu produciren, das
schlagend ihr Recht auf einen b ö h m i s c h e n, Minnelieder
dichtenden König nachwies, dessen böhmische Lieder irgend
ein Höfling an seinem Hofe in's Deutsche übersetzte, welche
Uebersetzung sodann in die „Manesse'sche Sammlung" gekommen war. In der W e i m a r e r Handschrift ist jedoch, was
nicht zu übersehen ist, nur das e r s t e Lied, aber z w e i m a l
und o h n e einen Autor zu nennen, aufgenommen, und zwar
nur unter dem Namen „ein a n n d e r w e y s s" bei den Liedern des „F r a u e n l o b e s" (S. die Facsimilirung bei von der
Hagen. IV. Bd. Taf. I. und V.).

Als wir vom V y š e h r a d-Liede handelten, kamen wir
auf die literaturhistorische T a t s a c h e, dass es im Mittelalter
in Böhmen gar viele M i n n e l i e d e r-S a m m l u n g e n sowol
deutscher als böhmischer Zunge und in gegenseitigen Uebersetzungen gegeben habe : ja wenn eine solche Tatsache auch
n i c h t nachweisbar wäre, wie sie es aber ist, müsste das Vorhanden g e w e s e n s e i n solcher Sammlungen aus den schlagendsten Analogien der Kultur-Geschichte beider Nationen er-
schlossen werden, da eben im überspannten K u l t u s d e s
W e i b e s sich einerseits das mittelalterliche C h r i s t e n t u m
mit der bereits reformirenden R e n a i s s a n c e-R o m a n t i k noch
berührten, aber nur um andererseits bereits feindlich in Gegen-
sätze auseinander zu gehen.

Aber die Sammlungen böhmischer Minnelieder, die sich
erhalten hatten, waren alle n a c h h u s i t i s c h, erst im 15. ja 16.
Jahrhunderte geschrieben: man brauchte aber a l t e, ja sehr
a l t e Liedersammlungen, etwa solche, wie *Štítný* deren ge-
denkt, wenn er sagt, dass die Gelehrten, namentlich die Pro-
fessoren der Prager Universität „b ö h m i s c h e Bücher nur
dann verdammen, wenn sie ernst (gut) sind, zu solchen L i e-
d e r n (básniem) aber, wodurch die W o l l ü s t i g e n (smilni) in
ihrer W o l l u s t (smilstvie) sich noch mehr anfachen, nichts
widersprechendes sagen" (Erben, S. 3). Štítný schrieb dies im
J. 1396, also v o r der husitischen Bewegung.

Fand man aber solche alte Minnelieder nicht m e h r vor,
sondern nur Abschriften in späteren Handschriften, so war bei

einem gewissen Herrn das Mittel zu solchen ältern nur folgendes: R e c i p e spätere Minnelieder schreibe sie mit a l t e n
Lettern ab und verändere modernere Wort- und Satz-Formen
hie und da in antiquere Gestalten, d. h. f ä l s c h e sie der
F o r m nach. Ein solches gefälschtes Minnelied sendete man
im J. 1816 als „Lied unter dem V y š e h r a d“ in die Welt
und als es diesem in der damals noch naiven Welt gut gieng und
es selbst einen *Dobrovský* täuschte, sendete man wenige Jahre
später (1819) ein anderes, das erste der drei König Wenzelslieder in die weite Welt.

Das ungefähr ist der natürliche Verlauf der Sache. Dass
der gewisse Herr, der uns schon bekannte Bibliothekscriptor
J. W. *Zimmermann* war, wird uns freilich im Verlaufe der Er-
örterung noch klarer und gewisser werden.

Dahin führen im Kerne auch alle Untersuchungen und
Resultate *Haupt's*, *Nebeský's* und *Fejfalík's*, worunter der
letztere am schlagendsten und gelehrtesten die Fälschung nachgewiesen hatte.

Doch können wir nicht mit allen Momenten der Deduction
Haupt's und *Fejfalík's* uns einverstanden erklären. So hält
Haupt, schon nach dem Titel seiner Abhandlung „über die
b ö h m i s c h e U e b e r s e t z u n g eines der Lieder König Wenzels
aus Böhmen“, sowie auch Fejfalík, nach dem Inhalte seiner
Abhandlung, das Wenzelslied für eine m o d e r n e U e b e r-
s e t z u n g aus dem Deutschen, wir aber für eine fälschende
Umarbeitung und Umschreibung eines e c h t b ö h m i s c h e n
a l t e n O r i g i n a l e s, wobei wir jedoch die Frage, ob es wirklich k ö n i g l i c h e n Ursprunges ist, weil wir sie für u n b e a n t-
w o r t b a r halten, ganz bei Seite lassen. Die Gründe davon
wollen wir gleich unten auseinander setzen: hier möge uns
früher erlaubt werden, aus dem G u t a c h t e n der Museal-
commission das Nähere zu entnehmen, w e r und w a n n e r das
böhmische König Wenzellied in die Welt setzte (Musejn. 1858.
S. 136, 137.).

Aus dem Commissionsberichte entnahm man, dass Scriptor
Joh. *Zimmermann* schon im J. 1819 (nicht also erst im J. 1823,
wie nach Hanka a l l e bisherigen Nachrichten, selbst die des
Musealsecretärs *Nebeský* im J. 1854, irrig lauteten) durch Ver-
mittlung des damaligen Oberst-Burggrafen Franz Grafen Kolo-

vrat-Liebsteinský sein gefälschtes Lied, sammt der Abschrift des
„Jelen" (aus der K. H.) dem Museum zu schenken wagte, ja
kühn und keck behauptete, dass dies das älteste böhmische
Gedicht sei. „Vetustissimum literaturae Bohemicae
fragmentum secul. XII. J. W. Z . . . . . n", schrieb er eigenhändig dazu. Klug genug verschwieg er aber vor dem Oberstburggrafen, wie, wann und wo er das Gedicht („das Fragment") gefunden, unklug verriet er sich aber doch in seiner
geistigen Befangenheit dadurch, dass er es in das 12. Jahrhundert hineinversetzte, in welchem selbst Wenzel I. nicht
einmal geboren war. Mendacem oportet esse memorem! —

Hier haben wir also den Fälscher. Es tut sohin not, um
die Eventualität der Ereignisse in diesem literarischen Processe
mehr an das Tageslicht zu stellen, diesen Ehrenmann etwas
näher kennen zu lernen.

Johann Wenzel Zimmermann

kam im J. 1788 in einem von den beiden böhmischen Dörfern
Tomice in Böhmen zur Welt, war sohin im J. 1794 als der
Strahover *Boušek* (1794) und *L. Tieck* (1803) die Wenzelslieder übersetzten, längst in der Welt, ja im J. 1816 als angeblich *Linda* das Wyšchradlied auffand, schon 28 Jahre alt und
bereits ein Jahr Scriptor in der k. k. Universitätsbibliothek
zu Prag. Daneben verwaltete er in seinem Kloster, dem Kreuz-
herrnstifte in Prag, die Bibliothecarstelle selbst, war aber
auch nebst dem hebräischer Translator und Büchercensor
bei der Regierung. Vor und noch einige Zeit nach dem
J. 1818, in welchem zuerst das böhmische Museum organisirt
wurde, war die Prager Univ.-Bibliothek der einzige öffent-
liche literarische Ort, wo namentlich Studierende Zu-
flucht suchten und auch fanden. Dahin rechnen wir denn auch
den Juristen *Linda*, der als böhmischer Literat und Archäolog
in damaliger Zeit nur in dieser Bibliothek bei Zimmermann die nötige Unterstützung finden konnte. Es war nämlich bei der damaligen Anordnung, nach welcher Zimmermann
die Aufsicht über die auszuleihenden Bücher führte,
nicht anders möglich, als dass *Linda* selbst, ehe er noch Ama-

nuensis in derselben Bibliothek geworden war, mit Zimmermann
nähere Bekanntschaft machen musste, denn B e i d e arbeiteten
in Bohemicis. Zimmermann, der ältere und kältere, ja, wie
allgemein verlautet, ein M i s a n t h r o p und P e s s i m i s t,
mag an dem romantischen Hyper-Enthusiasmus des jüngern und
feurigern patriotischen *Linda* ein nicht geringes ironisches Wol-
gefallen gefunden haben; er spielte ihm daher, um s i c h e i n
d ä m o n i s c h e s, Linda aber ein i d e a l e s Vergnügen zu
machen, den böhmischen Literaten aber ein rachsüchtiges
Schnippchen zu schlagen, ein Buch in die Hände, in welchem
das v o n i h m f a b r i c i r t e V y š e h r a d l i e d eingeklebt
war. Da die Sache so glücklich vor sich gieng und *Hanka* den
ihm im J. 1816 vom Zimmermann durch seinen Stubengenossen
Linda zugeworfenen Köder so hastig zu sich genommen, d. h.
das W y š e h r a d-L i e d brühwarm hatte abdrucken lassen;
inzwischen auch die K. H. so viel Furore gemacht hatte, fabri-
cirte er im J. 1818 ein z w e i t e s Lied, das K ö n i g-W e n-
z e l s l i e d, und. um den böhmischen Enthusiasten besonders
zu gefallen und dem neuen Falsificate den täuschendsten Hei-
ligenschein zu verschaffen, schrieb er auf der R ü c k s e i t e
desselben eines der schönsten und altertümlichsten Gedichte
der Königinh. Handschr., den „J e l e n" nämlich, fast wörtlich ab.
So wie *Kováŕ*, der Entdecker der Grünberger Handschr., dieselbe
1818 an den Oberstenburggrafen durch die Post sendete ;
übergab auch Zimmermann 1819, wahrlich frech genug, sein
Falsificat d e m s e l b e n Statthalter von Böhmen, und zwar als
obersten Protector des gerade damals e n t s t a n d e n e n b ö h m.
M u s e u m s. Und siehe da, der kecke Wurf gelang und
Hanka nahm wieder mit viel Hochbehagen den neuen Köder
zu sich. —

Dass Zimmermann s o l c h e Falsificate verfertigen k o n n t e,
zeigen seine Arbeiten im Gebiete der altböhmischen Literatur.
Im J. 1818 gab er schon die altböhmische Uebersetzung des
Řehoř Hrubý z J e l e n í (Lælius aneb o přátelství) eben so
heraus, wie er noch in demselben Jahre den böhmischen Brief
des B o h u s l a u s von L o b k o v i z an P e t e r von Rosenberg
vom J. 1497 edirte, und zwar so, wie denselben der genannte
Hrubý z Jelení, der Vater des berühmten Humanisten Sigmund
z Jelení, um das J. 1513 handschriftlich aufbewahrt hatte.

3*

Ein Jahr darauf, nämlich im J. 1819, also gerade zu der Zeit, als einerseits die K. H. zum erstenmal durch *Hanka* im Druck erschien, andererseits *Zimmermann* sein neues D o p p e l-Falsificat an den Oberstburggrafen einsandte, gab er selbst des „B e n e š e z H o ř o v i c p o k r a č o v á n i k r o n i k y neb příběhů země české od r. 1395—1470 zběhlých“ heraus. Hülfsmittel der P a l ä o g r a p h i e hatte aber Zimmermann in den beiden grossen Bibliotheken der Prager Universität und des ritterlichen Kreuzherrnstiftes über und über genug zu seinen Fälschungen.

Dass aber J. W. *Zimmermann* sich eine solche dämonische Freude bereiten und die böhmischen Literaten, seine Urfeinde, zum Besten haben w o l l t e, ergibt sich wiederum aus folgendem:

1. Damals begann die Prager Univ.-Bibliothek und Zimmermann in ihr einen s c h r o f f e n G e g e n s a t z zum b ö h m. M u s e u m zu bilden. Zimmermann war nämlich ein quälender Büchercensor und zwar seit dem J. 1820. Alle aus dem Auslande dem Museum eingesandten Bücher giengen durch s e i n e Hände, alle im Inlande zu druckenden böhm. Bücher mussten die Censur bei i h m bestehen. Es gibt noch Gedenkzeugen, die von der greulichen Art zu berichten wissen, wie er die Censur handhabte. Worte, wie: Vaterlandsliebe, Freiheit. Aufklärung, waren ihm an und für sich ein Greuel und sein Rotstift strich nicht nur alles, was nur einigermassen über die Gränzen des damals Legalen sich hinaussehnte, unbarmherzig durch, sondern er hatte auch die Untugend, die ihm gut dünkenden Verbesserungen s e l b s t anzubringen, die dann ohne Gnade und Barmherzigkeit abgedruckt werden m u s s t e n. Grund genug, um von den böhmischen Literaten verachtet, gehasst, geflohen und auf jede mögliche Weise zurückgesetzt zu werden, besonders da er zugleich im angenehmen Geruche stund, ganz im G e h e i m e n die patriotischen Bemühungen der böhm. Literaten den Behörden und gerne zu übermitteln. Für die Verachtung der böhm. Literaten kühlte er sodann an ihnen unbarmherzig sein Mütchen.

2. Die genannte Chronik des B e n e š z H o ř o v i c gab er im J. 1819 nicht nach der b e s t e n Handschrift, die im Stifte der Kreuzherren zu Prag lag. wobei er doch selbst Bibliothecar war, sondern, um sicher zu gehen, nach einer Abschrift aus dem 17. Jhrt., welche der Jesuite B o h. *Balbinus* verfertigt

hatte, heraus. Als nun *Palacký* vor dem Jahre 1829 bei den Kreuzherrn diese beste Handschrift suchte, um eben darnach den t o m u s t e r t i u s der S c r i p t o r e s rerum Bohemicarum herauszugeben, fand er sie n i c h t m e h r g a n z vor, wie sie doch *Dobrovský* noch im J. 1818 (Gesch. d. böhm. Liter. S. 268, 269), ja *Jungmann* noch im J. 1825 dort sah (hist. lit. české. Erste Ausgabe. S. 93. N. 40). Palacký fand nämlich die Begebenheiten vom J. 1400 bis 1446, sohin die eigentlichen Zeiten des Entstehens und der Fortentwickelung der h u s i t i - s c h e n B e w e g u n g herausgerissen. Diese herausgerissenen Stücke fanden sich jedoch im J. 1861 hinter einer V e r - s c h a l l u n g i n der U n i v e r s i t ä t s b i b l i o t h e k, bis auf einen kleinen Teil, wieder vor (Sitzungsbericht der kön. böhm. G. d. W. 1861. I. S. 71—73. Malý výbor. 1863. S. 9). Da war Zimmermann S c r i p t o r, d o r t (bei den Kreuzherren) B i b l i o - t h e c a r: wer anderer, als er, mag also wol diese unsinnige Uebeltat vollbracht haben?

3. Seine Herausgaben. altböhmischer Werke sind sehr mangelhaft und wissenschaftlich nicht zu gebrauchen. mag man dies nun seiner oberflächlichen Einsicht, mag man es seinem üblen Wollen zuschreiben. So vernichtete er, selbst aus der Handschrift Balbin's, von der wir oben sprachen, alle a l t e n böhmischen Wortformen. Um sich aber dadurch den Anschein der Gelehrsamkeit nicht ganz abzuschneiden, vergleicht er in den Anmerkungen mehrere alte Handschriften, darunter auch die genannte Handschrift d e s K r e u z h e r r n s t i f t e s. Mit der unschuldigsten Miene geht er mit den Zugaben daraus bis zum J. 1412 vor und springt dann, wie wenn er damals schon das später Herausgerissene zum Staub-Tode verurteilt hätte und sohin davon k e i n e Kunde hätte, o h n e U n t e r - b r e c h u n g, n i c h t auf den dadurch entstandenen U n s i n n a c h t e n d, sogleich zum J. 1419 (S. 129). „R u k. K ř í ž. š l o jest | tak aby obec". Denn die Worte „š l o j e s t" gehören noch dem J. 1412, die Worte aber „t a k a b y o b e c", bereits dem J. 1419 an, wie sie sich denn auch in s e i n e m Texte beim J. 1419 ähnlicher Weise w i e d e r h o l e n, so dass er z. B. S. 16 den Tod des Königs Wenzel in das J. 1419, S. 129 aber den Tod desselben Königs Wenzel schon in das J. 1412, also v o r die Verbrennung des Mag. Joh. H u s setzt. Gleich darauf

aber, nämlich S. 132 N. 34 stirbt Wenzel wiederum erst im
J. 1419. Ob das leichtfertige Unachtsamkeit oder krankhafte
Böswilligkeit verursachte, wer könnte wol dies entscheiden? —
Er ist und bleibt in der Beziehung ein psychologisches Rätsel.

4. Zimmermann soll dazu in hohem Grade stolz, eitel und
ebenso selbstzufrieden, als Menschen verachtend gewesen sein,
wie noch lebende Zeitgenossen bezeugen. So hat er im J. 1815,
in welchem er erst im Juli als Scriptor in die Bibliothek getreten war, schon im December bei der Regierung um die Ad-
junctur im hebräischen Fache eingereicht, bekam jedoch zur
Antwort, er möge zuvor sich im hebräischen Fache unter der
Leitung des hebräischen Censors *Fischer*, der zugleich Custos
der kais. Bibliothek war, doch etwas einüben. Für das böhmische
Fach ward er jedoch gebildet genug, um die Censurstelle zu
erlangen. Damit kam er, wie gesagt, in ewige Collisionen mit
dem Centralpuncte der damals neu entstehenden modernen
böhm. Literaten, nämlich mit dem neu aufblühenden böhmischen
Museum. Dort kamen von allen Seiten, von Personen hohen
und niedern Ranges, geistlichen, militärischen und weltlichen
Standes, die ansehnlichsten Geschenke zusammen, nicht nur
einzelne teure und seltene Handschriften und Bücher wurden
dahin geschenkt, sondern ganze Bibliotheken; wie sollte denn
der einsame, gemiedene, neidische und krankhaft boshafte Zimmermann dem lieben Museum nicht auch etwas schenken, was
alles, selbst die so gefeierte Königinhofer Handschrift nicht
ausgenommen, an Alter übertreffen sollte? Der liberale
aber stolze Dobrovský, welcher so gerne über Zimmermann's
oberflächliche Grosstuerei lächelte und über dessen hyper-
loyale Pedanterei genial hinausgieng, sollte mit gezüchtigt
werden, er, der Patriarch der Slavistik, sollte die Falsificate
des verachteten Scriptors wie Nationalheilig-
tümer zu verehren bekommen und in die Hände seinem de-
mütigen Ministranten, in die Hände Váceslav *Hanka's* zur
ewigen Verwahrung unter den edelsten, echten Kleinodien der
Nation selbst übergeben. Und so geschah es auch! Das
war die Rache dieses kleinen Geistes, des Patriarchen
Dobrovský bittersten Feindes, an dem er sich nach dessen Tode
auch dadurch rächte, dass er die von Dobrovský's Hand ver-
fertigten Titelcopien böhm. Handschriften der Univ.-Bibliothek

aus der Welt schaffte und seine Titelcopien an die Stelle
setzte. (Vgl. Hanslik : Gesch. der Prager Universitäts-Bibliothek.
1851. S. 123.)

Wie beschränkt oder wie verblendet bei dem furchtbaren
Rachetriebe und im Hochgenusse der Rache Zimmermann aber
war, ersieht man aus seiner kecken Zuschrift an den Prager
Oberstburggrafen ; denn sein Wenzelslied, sein „vetustissimum literaturae bohemicae fragmentum“ sollte, wie gesagt,
„saeculi duodecimi“ sein, wie er eigenhändig hin-
zufügte; da doch selbst Wenzel I. erst im J. 1253 starb.
Dobrovský schrieb daher kalt hinzu : „saeculi decimi tertii“
„cum versionem poematis Wenceslai regis I. contineat“. In
der böhm. Geschichte soll Zimmermann überhaupt sehr wenig
bewandert gewesen sein, denn nach Palacký's Ausspruch soll er
einmal geäussert haben, dass Hus und Wallenstein Zeitgenossen gewesen wären.

Wir scheinen hier zu übertreiben, aber man denke nur an
Facta : an die oben berührte Herausgabe des Beneš z Hořovic
und an Zimmermann's beglaubigte Selbstüberschätzung. Er mag
geglaubt haben, überklug zu handeln, wenn er einen böhmischen
König, der bisher nur unter den deutschen Minnesängern
bekannt war (Procházka: de liberalium artium in Boh. et Moravia fatis, S. 118; *Dobrovský*: Magazin von Böhmen, 1. Heft;
Gesch. d. böhm. Sprache und Liter. 1791, S. 329. 1792, S. 70.
1818. S. 88), nun auch unter die böhm. Minnesänger
einführe, ohne zu bedenken, dass er durch seine Abschrift des
„Jelen“, antikes, ja heidnisches, mit romantischem, sohin
Gedichte, die Jahrhunderte ihrer Wesenheit nach auseinander
liegen, in einem vermenge.

Nun können und wollen wir aber nach so geschilderter
Gemüts- und Geistes-Beschaffenheit Joh. *Zimmermann's* zum
König Wenzelsliede wieder zurückkehren.

Als den Auffinder bekennt er sich selbst durch seine
eigene Unterschrift J. W. Z . . . . . n, ohne aber das Univers.-
Bibliotheks-Exemplar vorgezeigt zu haben, in oder an dem er
es angeblich vorfand. Ist nun die Abschrift des Liedes eine
Unwahrheit, so sind auch die Pergamenstreifchen, die ihm an-

geblich beim Trocknen der Wind zum Fenster hinaus entführte,
ja es ist der ganze Modus der Auffindung, wie er ihn den
böhmischen Literaten zum Besten gab, eine baare Unwahrheit.
Das Gedicht ist sein Falsificat, konnte aber nicht. wie
Fejfalik meint, blos durch Uebersetzung der „neuerneuerten"
deutschen Uebersetzung *Tieck's* in's Böhmische etwa mit
Benützung der *Boušek'*schen Erklärungen verfertigt werden.
Denn wenn auch manche Uebersetzungsfehler *Boušek's* und
Tieck's im böhmischen Liede vorkommen, so ist dies noch kein
Beweis, dass sie nur d a r a u s in das Lied gelangten. Wenn
nämlich selbst für einen Ludwig *Tieck* in u n s e r n Tagen einzelne Stellen des mhd. nicht ganz leichten Originals unverständlich waren, so konnten sie dies um so mehr für einen
b ö h m i s c h e n Uebersetzer im M i t t e l a l t e r etwa im
15. Jhrt. gewesen sein, der vielleicht des Dialectes nicht ganz
mächtig war, worin das deutsche Gedicht gedichtet ist. Wenn
z. B. Zimmermann sagt: neprose, koho rve — ich f r a g e n i c h t
darnach, wen er ergreift (der Schmerz nämlich), und auch
Tieck irrig sagt: n i c h t f r a g' ich, wem's zu Herzen geh; so
kann diesen Uebersetzungsfehler auch der alte Böhme gemacht
haben. Es unterscheidet sich in der Tat auch das Zimmermann'sche Fabricat b e d e u t e n d von der Boušek-Tieck'schen
Uebersetzung, z. B. Ich seufze aus Herze-Liebe wenn ich denke
daran wie sie mir gab so minnigliche A r b e i t, wie ich in
Wünschen hatte gedacht, so zart ein Weib, des ich mich immer
rühmen kann Diese Stelle findet sich bei Zimmermann so
gegeben: „Jáz steniu sirdečenstviem, kehdy pomniu na to!"
(nämlich dass unter allen Abenteuern die Minne allein ihm zu
Lichte gebracht hatte die süsse Erhabenheit — z velikých
dobrodružstvie milost mi vyjevi sladinku dóstojnost). „O kaké
laskavosti želeje mysl moje, jež tako lépá děvú chlubiti sě
mohu" d. i. mein Gemüt betrauert alle die (genossenen, aber
schon vergangenen) Holdseligkeiten, besonders da ich mich eines
so gar lieblichen Mädchens rühmen kann (der deutsche Text
spricht nämlich vom Weibe, der böhmische vom Mädchen). Ein
Zimmermann, der bei allen seinen Ausgaben altböhmischer
Werke furchtsam allen altböhmischen Wortformen aus dem
Wege geht, ist auch nicht einmal im Stande gewesen, etwas
solches so in's altböhmische zu übersetzen und w e n n er es

hätte übersetzen können, so hätte er nicht e i n e s, sondern
alle d r e i König Wenzellieder in's Böhmische übertragen; es
bleibt sohin wol nichts übrig, als anzunehmen, dass er eine
altböhmische Uebersetzung etwa des 15. Jhrts. vorfand und
diese, sie nicht ganz verstehend, und etwa nach Bousek-Tieck
sie hie und da ändernd, mit L e t t e r n d e s 12. J a h r h u n-
d e r t e s (nach s e i n e r Meinung nämlich) umschrieb, das
Original dann aber verschwinden liess, wie einst die Kreuz-
herrnhandschrift der böhmischen Chronik. Einen so zusammen-
gesetzten Denk- und Sprach-Organismus, wie dieses Lied in
Gedanken und Worten enthält, wo einerseits die Grade der
Minne durch das Anschauen, Küssen und Umarmen aufwärts
steigen, andererseits aber das Gemüt teils sich des Erlebten
f r e u e t, in wie ferne es in der Erinnerung noch gegenwärtig
gefühlt wird, teils aber auch darüber t r a u e r t, weil es doch
nicht mehr physisch gegenwärtig ist: einen solchen Organismus,
behaupten wir, hätte weder ein Zimmermann im J. 1818, noch
sonst Jemand in damaligen Verhältnissen nie und nimmermehr
und dazu mit s o l c h e n Worten wiederzugeben getroffen, die
selbst einen *Dobrovský* und *Šafařík* täuschen konnten, wenn ihm
nicht ein e c h t e r, a l t b ö h m i s c h e r S t a m m vorgelegen
hätte. Manche Stellen und zwar wahrscheinlich die, welche unverändert geblieben waren, sind in der Tat stylistisch trefflich,
z. B. kak róže z pupy idúcie po rose sladké žže: (tako) celo-
vach medná ústa. O! blazie, blazie mi: (nebo) to mysljú ne-
vymysli, (kto) spasen přiezňu tvú.

Dass im Liede keine Consequenz der alten Wort- und
und Satzformen festgehalten und vieles verdreht gegeben ist,
das ist eben das Resultat Zimmermann'scher Umarbeitung, das
characterisirt a l l e seine Werke, wie wir zum Teil schon gesehen, zum Teile aber noch sehen werden, an denen man
deutlich den Spruch verwirklicht vorfindet, wie einer wol w i l l,
aber n i c h t k a n n.

Fasst man nun die Gründe für das Dagewesensein eines
e c h t b ö h m i s c h e n Wenzelsliedes, manches wiederhohlend,
zusammen, so sind sie speciell folgende:

1. Es ist eines der zahlreichen, allgemeinen Minnelieder,
die in einer ermüdenden ähnlichen Form zu Hunderten auf-
tauchten und krankhaft zu Hunderten in's Böhmische im Mittel-

alter übertragen wurden, wie z. B. die böhm. Liederhandschrift
beweiset, die im „Wittingauer Archiv" liegt oder jene Liederhandschrift, die, stark verletzt. in der Bibliothek des Freih. von
Neuperk zu Prag sich befindet. Wie wir weiter unten uns
davon überzeugen werden, hat W. *Hanka* aus letzterer zwei
böhm. Minnelieder unter dem Namen „M a j t r a u m" (májový
sen, gleichfalls in den genannten starobylá skladanie) herausgegeben, ohne zu ahnen, dass sie sich später als Uebersetzungen
und Varianten zweier deutschen Liebeslieder aus der Sammlung
der Klara H ä t z l e r i n erweisen werden. Wie leicht kann in
dieser, oder einer ihr ähnlichen, Sammlung. ein Lied, „z velikých dobrodružství" gestanden sein, das deutsch, ohne die
geringste Beziehung auf den König Wenzel zu haben, sogar
z w e i m a l in einer und derselben — der W e i m a r e r —
Handschrift mit Varianten sich vorfindet (zuerst nur Strophe
1—4 auf Bl. 67 dann ganz auf Bl. 87.). Und in der Tat scheint
es, dass die beiden Manesse die Lieder der hohen Potentaten,
nicht aus Gründen der Wahrheit, sondern nur aus Gründen
mittelalterlichen Prunkes ohne viel Kritik werden zusammengestellt haben, da sie selbst einen König „T i r o l v o n S c h o t t e n",
der gewiss nur in der Phantasie bestand, mit aufnahmen. Das
dritte der sogenannten Wenzelslieder ist eine gewöhnliche
„T a g e w e i s e" (svítaníčko), von der längst behauptet wurde,
dass sie einen andern Autor verrate, als die beiden erstern
königlichen Minnelieder. Zimmermann, der so gerne prunkte,
hätte auch gewiss den Titel: K ö n i g s l i e d mit in sein Falsificat aufgenommen. wenn er ihn f a c t i s c h in s e i n e m Vorbilde vorgefunden hätte, sohin es, schon der Unwahrschein-
lichkeit halber, nicht gewagt, das Lied als blosses Minnelied
ohne Titel (mit dem „Jelen") aufzunehmen und noch dazu in
das 12. Jht., in welchem keiner der Könige Wenzel lebte, zu
versetzen, wenn er es aus *Boušek* und *Tieck* genommen und
übersetzt hätte, die ausdrücklich vom König Wenzel sprechen,
da sie wiederum nur den Manesse vor Augen hatten.

2. Dass Zimmermann ein anderes Exemplar, als das was
Boušek und Tieck bekannt war, vor sich gehabt, zeigt auch das
böhm. Exemplar, wie zum Teil schon oben berührt wurde, da
der 4. und 5. deutsche Vers im böhmischen ausfielen und mit
ihm die „minneliche arebeit". Hätte Zimmermann n u r über-

setzt, so hätte er: „ûz höher âventiure" auch „z vysokých dobrodružstvi" übersetzt, „arebeit" mit dem sogar wurzelhaft ausgleichenden „robota" wiedergegeben u. s. f. Die Weimarer Handschrift war damals, weil Niemandem, so auch Zimmermann noch nicht bekannt und doch hat sein Exemplar nur 4 Strophen, wie diese: ein neuer Beleg, dass auch ihm nur ein böhm. Exemplar zu 4 Strophen vorlag, das aber wiederum viele Varianten auswies, wie die Copien der Minnelieder sie gewönlich, ja fast regelmässig auszuweisen pflegen. Man siehe z. B. nur die Varianten bei Fejfalk und dessen Versuch aus denselben den echten Text des deutschen Gedichtes herzustellen (Wien. Sitzungsber. 1857. S. 370. 371.). Es übersetze nur, der vorurteilslos ist, den böhmischen Text genau ins deutsche und vergleiche dann die Uebersetzung mit den Pariser und Weimarer Texten und er wird finden, dass er einen neuen Text vor sich haben wird (Haupt. S. 259—264). Diese Verschiedenheit bemerkte man schon längst, ohne jedoch die richtige Consequenz daraus zu ziehen, wenn die Einen das böhmische Gedicht schärfer bestimmt, sich freier bewegend und kerniger nannten. die Andern aber wiederum das deutsche Gedicht strenger gebaut, kunstvoller und gewanter gefügt. Prof. W. *Sroboda* (K. 11. 1829). Graf *Thun* (Gedichte aus Böhm. Vorzeit, 1845) und *Haupt* (Berichte. 1848) übersetzten das böhm. Gedicht in's Deutsche, man vergleiche daher, wenn man des Böhmischen nicht etwa selbst kundig wäre, deren Uebersetzungen mit dem Deutschen und man wird einen andern Organismus vor sich sehen, der nicht blos in der Form abweicht.

3. Minnelieder sind ursprünglich überhaupt kein böhmisches Product: sie sind ein Gut romanisch-deutscher Kultur und kamen nur durch Uebersetzungen in die böhmische Literatur: warum sollte daher auch von diesem Minneliede, das man für sehr schön mochte gehalten haben, um es dem König Wenzel von Böhmen zuschreiben zu können, nicht eine mittelalterliche böhmische Uebersetzung bestanden haben? Wir wollen nicht läugnen, dass es auch originelle d. i. nicht übersetzte böhmische Nachahmungen mag gegeben haben: diese hatten aber wol immer Beziehungen zu speciell

böhmischen Elementen, wie z. B. das Vyšehrad-Lied, das die
deutsche Uebersetzung ausdrücklich ein „altböhmisches Lied"
nennt. Bei dem Wenzelsliede, das nur in a l l g e m e i n e n
Liebesbeziehungen von Liebeswonne und Liebesschmerz, von
Honiglippen und dem glänzenden, wolgeformten, süssen, ver-
lockenden M ä d ch e n-leibe spricht (das deutsche Lied kennt,
wie schon gesagt, den klaren, zarten, süssen, losen Leib des
W e i b e s), kann man mit vollem Rechte, wie Palacký, sagen :
„s o hat kein alter böhmischer Dichter g e d i c h t e t" — wol
aber ü b e r s e t z t, wie z. B. auch die Masse böhmischer Tage-
weisen beweisen, deren Fremdartigkeit im Böhmischen auffallend
ist und denen man (Hanka) erst in neuerer Zeit den Namen
S v í t a n i č k a gegeben hatte, wie denn das dritte Wenzelslied
in der Tat nur eine Tagweise, ein Svítaničko ist. Vgl. das
weiter unten beim „M a i t r a u m" berührte.

4. Zimmermann gab das „V y š e h r a d l i e d" gleichfalls
als uniformtes altböhmisches Gedicht heraus, wie gleich noch
näher bestimmt werden wird, und wie die aufgefundene d e u t -
s ch e Uebersetzung schlagend bewies. Dass er auch das
W e n z e l s l i e d als ein solches sich dachte und vor sich
hatte, beweist auch die Art der Herausgabe desselben. Er
richtete nämlich das Falsificat so ein, dass es sammt dem
„H i r s ch e, Jelen", wie in einer Sammlung von Liebesliedern
erschien, da er, oberflächlich genug, wol auch den „Hirsch" für
ein blosses Liebeslied hielt. Nun kommen böhm. Uebersetzungen
von deutschen Liebesliedern zumeist nur in S a m m l u n g e n
vor. Hätte er es aus *Boušek* oder *Tieck*, von Bodmer zu ge-
schweigen, kennen gelernt und daraus übersetzt, so hätte er,
wie schon gesagt, gewiss den Namen: K ö n i g W e n z e l von
Böheim n i c h t verschwiegen, ja hätte er denselben auch n u r
g e w u s s t, d. h. die Kenntniss gehabt, dass das Lied dem
König Wenzel, sei es nun der e r s t e, oder der z w e i t e gewesen, zugeschrieben werde, so hätte er wol doch so viel Re-
flexion gehabt, er, der sich allerdings nur einen „s i m p l e n
D i l e t t a n t e n in der Geschichte" nennt (Vorbote. Vorr.), in
der böhmischen Geschichtsschreibung, etwa Pubitschka's, nachzu-
schlagen, dass selbst Wenzel I. nicht im 12. Jhrt. gedichtet
haben könne. Da er nun in der Sendung an den Oberstburggrafen das Falsificat ausdrücklich als „vetustissimum literaturæ

Bohemicae fragmentum saeculi d u o d e c i m i" bezeichnet: so
kannte er es als Wenzelsgedicht n i c h t, was doch hätte sein
m ü s s e n, falls er Tieck, Boušek oder Bodmer gelesen hätte,
die alle nach der „Pariser Handschrift" den König Wenzel ausdrücklich nennen. Er musste daher eine andere — und zwar
b ö h m i s c h e — Quelle vor sich haben, weil eine blosse Uebersetzung aus dem Mhd. für seine Kräfte, wie gleichfalls schon
gesagt, ganz aus aller Möglichkeit lag.

5. Als ein fünfter Beleg unserer Behauptung ist die Ein-
fachheit, Natürlichkeit, ja wol einzige Möglichkeit u n s e r e r
H y p o t h e s e, die das Erscheinen des Gedichtes durch Zimmermann im J. 1819 erklärt; wärend alle andern Hypothesen
in lauter Schwierigkeiten, ja Unmöglichkeiten sich verlaufen.
Denn, was ist einfacher und natürlicher, als sich zu denken:
Ein Böhme übersetzte etwa im 15. Jbrt. einige deutsche Minnelieder des 14. oder 15. Jhrts., Zimmermann fand eines davon
altböhmisch übersetzt vor und schrieb es, hie und da daran
ändernd, mit Lettern des 12. Jhrts. ab, die Fehler nicht einmal ahnend, welche, wie *Haupt* (Berichte. Leipz. 1848. I. S.
264. 265) selbst sagt, „ohne Zweifel schon im Mittelalter einem
unachtsamen, sich um Gliederung und Schärfe der Gedanken
wenig bekümmernden Uebersetzer begegnen konnten".

6. Um die im 2. Puncte angeregte Beweisführung durch
U e b e r s e t z u n g e n zu erhärten, haben wir uns eine g e n a u e
nhd. Uebersetzung des mhd. Textes, nach der Leseart von
von Hagen, durch einen namhaften Germanisten verschafft, so
weit diese überhaupt bei einem noch kritisch nicht herausge-
gebenen deutschen Texte möglich ist. Wir selbst übersetzten
aber das Böhmische gleichfalls in's Neuhochdeutsche und bieten
nun die Vergleichung beider Texte, um den Beweis augenscheinlich darzulegen, dass das Böhmische k e i n e b l o s s e
U e b e r s e t z u n g d e r n u n b e k a n n t e n d e u t s c h e n T e x t e,
sondern die Umschreibung e i n e r a l t b ö h m i s c h e n U e b e r-
s e t z u n g eines v e r l o r e n g e g a n g e n e n d e u t s c h e n
T e x t e s sei.

Mhd. Text.	Böhm. Text.
1.	1.
Aus erhabener ritterlicher Tat	Unter allen grossen, unge-
hat mir die Liebe etwas Sü-	wöhnlichen Taten hat (nur) die

sses, Herrliches zum Bewusstsein gebracht.

Ich seufze aus Herzensliebe,
wenn ich daran denke, wie sie
mir zum Liebesgenuss, den ich
ersehnt hatte, ein Weib gegeben hat, so lieblich, dass ich
mich desselben immer rühmen
darf, und doch also, dass es
ihr nicht zum Nachteil ge-
reichen kann.

Sie bereitete mir durch diese
grosse Liebe vielfachen Schmerz,
den ich immerfort leiden muss.
Ich bin jenem hold, der teil
nimmt.

Liebe mir gezeigt, was süsse
(Mannes) Würde ist.

Ich stöhne noch vor Liebesschmerz, wann ich daran zurück
denke.

O, was für eine Lieblichkeit
(Liebenswürdigkeit) hat mein
Gemüt (nun) zu betrauern, der
ich mich eines so lieblichen
Mädchens rühmen darf, ohne
dass jedoch unsere Liebe irgend eine Unehre träfe:

Sie (die Liebe) gibt mir grau-
samen Schmerz, den ich für
immer zu tragen habe, ohne
zu fragen, wen er (zugleich)
mitergreift.

2.

Mein Inneres hiess mir, mit
der Lieben bekannt zu werden,
o wol mir, wol mir immerdar,
mein volles Verlangen, meine
Augenweide und mein ganzes
Heil!

Als sie mir durch die Augen
in das Herz drang, da musste
ich die schöne und liebliche
mehr denn jemals allzulange
gar sehr bitten. Herz und
Sinn traten in ihren Dienst,
der Ursprung und Beginn aller
meiner Freuden. Sie macht,
dass ich immer fröhlich bin und
bringt mir doch Schaden.

2.

Mein Gemüt trieb mich an
zu lieben: o, wie selig, selig
war doch ich, als meine aller-
höchste Begierde in der Glück-
seligkeit, es (das Mädchen) an-
zuschauen, lag! und all' mein
Glück durch die Augen in mein
liebend Herz kam.

Diese Liebe wuchs aber mehr,
als die gegenseitige Teilname
mir gewisser ward: denn dann
übergab ich ihr mein Herz und
meinen Sinn (Leib und Seele).

Sie ward der Strom aller
meiner Wonnen, sie ward das
freudenreiche Beginnen derselben, meine Seligkeit, aber
auch mein Schmerz.

3.

Ganz wie eine Rose, die aus
ihrer Hülle steigt, wenn sie
Verlangen trägt nach dem
lieblichen Tau, so, so bot sie
mir ihren zuckersüssen, roten
Mund. Was immer ein Mann
je auf der Welt Wonne ge-
nossen hat, das ist nicht der
Rede wert; mir wurde gewährt
so tröstende Zuversicht. Oh,
die liebe Zeit! die Gedanken
können es nicht erfassen, man
kann es nicht in Worte bringen, was für belebendes Glück
ich aus ihrer Gunst erlebte.
Die Liebe wurde vom Schmerz
verfolgt, beim Leid war ich
froh, bei der Liebe betrübt.

3.

Wie eine Rose, die sich aus
der Knospe entwickelt, nach
süssem Taue lechzt: so küsste
ich ihre honigsüssen Lippen.
O wie selig, selig war ich. Das
kann niemand im blossen Ge-
müte erdenken, der nicht be-
glückt ward durch deine Gunst!
Der Schmerz begann (frei-
lich) die Liebe fernzuhalten,
aber der Schmerz erfreute zugleich, denn die Liebe ist eben
Sehnsucht.

4.

Die Liebe hat nicht Ursache
mich wegen Prahlerei zu schel-
ten: wie sehr ich umfangen
hielt ihren schönen, lieblichen,
süssen, reizenden, geliebten
Leib, niemals strebte mein Be-
gehren nach ihrer Keusche;
denn als mein Herz dies lieb-
reiche Weib gefangen nahm --

4.

So wird die Liebe (wol) mich
beschuldigen, doch schuldig
sprechen kann sie mich nicht,
dass ich (endlich) ihren glänzenden, reizvollen, süssen, an-
lockenden, allerliebsten, kleinen
Leib umfieng, und doch nur
mit keuschem Verlangen.
Denn als mein Herz durch
dies Mädchen ganz gefangen
genommen war . . . .

Haben wir aber auf diese Weise wol hinreichenden Grund,
dies Wenzelslied in den Räumen der Prager Universitätsbibliothek nach einem böhmischen Vorbilde älterer Tage zur
Welt gebracht zu sehen, so können wir nun wol auch über die

Vaterschaft des Wyšehradliedes mittels Analogien einige nähere Vermutungen wagen.

Zimmermann mag zu seiner Privatlectüre sich Liebes- oder Minne-Lieder ausgewält haben, deren Pflege bisher in der böhm. Literatur vernachlässigt war. Er sah *Hanka*, durch *Dobrovský* unterstützt, Grundlagen zur Literaturgeschichte der neueren Zeiten schaffen, durch *Dobrovský*, der ihn (Zimmermann) wegen seiner Schleuderhaftigkeit im historischen Gebiete tief verachtete, wie Andere aus andern Gründen. Er lechzte, tief verletzt, nach Rache, die ihm aber zugleich Ruhm eintragen sollte. Dobrovský's schwache Seite: den Vyšehrad mit Čech, wovon dieser nie Etwas hören wollte, brachte er zuerst als Angriffspunct vor und schrieb sein Vyšehradlied noch ungeschickt in Form einer alten Urkunde ab, und sendete, wie ein zweiter Noah, den Juristen und spätern Bibliotheks-Amanuensis *Linda* als Probetaube in die Welt. Wäre der Flug misslungen, so wäre dabei nur Linda verunglückt, da Zimmermann-Noah in seiner Bibliotheksarche geborgen und gesichert war. Allein der Flug gelang und sein Erzfeind Dobrovský gieng selbst in die Falle und erklärte im J. 1818 gar emsig Zimmermann's Fabricat, wie ein echtes altes Literaturproduct, und zwar in demselben Buche, in welchem Dobrovský das 13. Jahrhundert der böhm. Literatur mit der Klage beginnt, dass man von nun an die deutsche Sprache am Hofe pflegte, wodurch sie das Mittel ward zur Nachahmung der Deutschen, die in Künsten und Wissenschaften die nächsten Muster waren, wobei er eben zugleich unter den deutschen Minnesängern „Kunig Wentzel von Boheim" anführt (Gesch. d. böhm. Spr. u. Lit. 1791. S. 329. 1792. S. 70. 1818. S. 88.). In demselben J. 1818 machte nun Zimmermann aus dem deutschen Minnesinger König Wenzel einen böhmischen und sendete ihn 1819 durch den Oberstburggrafen an *Dobrovský*, der wiederum nicht das Falsificat, sondern nur die Inconsequenz bemerkte, dass Wenzel I. nicht im 12. Jhrt. gelebt haben konnte (Palacký, Wien. Jahrb. d. Lit. XLVIII. Bd. S. 167. Gesch. v. Böhm. II. 1. S. 97). Da indessen die Königinhofer Handschrift 1817 aufgefunden war und Zimmermann die nette Perlschrift derselben bewunderte, zeichnete er auch, wenn gleich mit ungleicher zitternder Hand seinen böhmischen

Minnesänger sammt dem Jelen mit kleinen Lettern und in kleinem Formate ab, obschon er an den Rändern durch Buchstabenreste die Möglichkeit eines Grossquarts oder gar Folioformates bestehen liess. Da die K. H. zugleich durch Pergamenstreifen sich auszeichnete, so liess auch er laut der Sage einige Pergamenstreifen beim Trocknen aus dem Fenster fliegen, um das Bedauern über den Verlust bei den böhm. Literaten recht lebhaft zu machen.

Was für einen dämonischen Genuss mag Zimmermann gehabt haben, als er, der Verlassene und Verachtete, den gepriesenen Slavisten Abbé *Dobrovský* zum zweitenmale an seinem Pergamenhäutchen gefangen kleben sah. Um das leiseste Bedenken etwa noch bei ihm niederschlagen zu können, schrieb er auf die Rückseite, wie schon öfter erwähnt, den „J e l e n" der Königinhofer Handschrift mit ab und ward so im J. 1819 zum n e u e n E n t d e c k e r einer altböhmischen Liedersammlung, wie Hanka im J. 1817. Mit dieser seiner K l e m e n t i n i s c h e n H a n d s c h r i f t trat *Zimmermann-Noah* nun selbst aus seiner Bibliotheksarche hervor — und damit der biblische Regenbogen auch da nicht fehle, borgte er sich dazu den Nimbus des Herrn Oberstenburggrafen selbst aus.

So äffte er den Patriarchen *Dobrovský*, lähmte das Ansehen *Hanka's*, liess seine Schein-Triumphe durch das b ö h m i s c h e M u s e u m feiern, er, dem man vorwarf, die patriotischen Tendenzen desselben Museums bei der Regierung als gefährlich zu denunciren! —

Wäre seinen Falsificaten kein e c h t e r Kern zu Grunde gelegen, hätten dieselben allerdings die böhmischen Literaten nicht so lange, w e i t über das Sterbejahr seines Assistenten *Linda* (1832) und *Zimmermann's* selbst (1836) hinaus, zum Narren haben können: allein innerlich musste er doch das frohe Bewusstsein durch sein ganzes Leben in sich getragen haben: I c h b i n d o c h g e s c h e i t e r a l s i h r A l l e ! — Nach seinem Tode errichteten ihm die böhmischen Literaten allerdings k e i n D e n k m a l; nur wir tragen hier für dasselbe einige Steine zusammen.

So tückisch handelte aber Zimmermann nicht blos in der böhmischen Literatur. Auch als theologischer Gelehrte zeichnete er sich so aus. Er, der sich „P. *Johann Nepomuck* Zimmer-

mann" schrieb, verfasste „zum hundertjährigen Jubelfeste
der Heiligsprechung" dieses Heiligen im J. 1829, also gerade
ein Decennium nach der Auffindung der Clementinischen Handschrift, ein gelehrtes Werk über diesen Heiligen u. d. T. „Vorbote einer Lebensgeschichte des Heil. Joh. von Nep." Die
Druckkosten trug auf seine Bitte der Erzbischof, nichts Schlim-
mes ahnend, selbst. In diesem Buche nun brachte er solche
Urkunden zum Vorschein und ordnete sie so an, dass zwei
Johanne von Nepomuk daraus hervortauchten, ohne
nachgewiesen zu haben, wer denn von beiden eigentlich der
wahre sei. Es wurden auch in der Tat die schon verkauften
Exemplare, so weit es gieng, zurückgekauft, und sammt den
unverkauften vernichtet, so dass ein Exemplar davon eine literarische Rarität ist.

Dies sein Werk schliesst er noch dazu mit folgenden
Worten: „Es ist gewiss, dass ein Johann nicht zweimal
sterben kann, so wie es auch gewiss ist, dass eine Königin
Johanna nicht zweimal gestorben. Aber eben so ist es
auch gewiss, dass die heilige römisch-katholische Kirche eine
Person, die nie existirt hat, hätte canonisiren
können" (S. 127).

Gleich grossartig, d. h. leichtfertig, ist auch sein Urteil
über *Hájek* und zwar in demselben Buche über den h. Johannes.
Dort heisst es nämlich S. 63 wie folgt:

„Hájek, erster Geschichtsschreiber im strengen
Sinne, der die Begebenheiten unserer Vorfahren — sorgfältig
niederschrieb, ist zwar in dem bedenklichen Gebiete der
Kritik als Fabelhaus verrufen; allein, wenn es ein Ver-
dienst ist, die Geschichte seines Vaterlandes auf die Nachwelt
zu bringen, so ist man auch seinen Bemühungen grossen
Dank schuldig", d. i. also mit andern Worten: wenn auch Hájek
die Geschichte seinem Volke gefälscht hat, so hat er sich
Verdienste um sein Volk gesammelt.

In der Tat! So hast auch Du dir edler Johannes durch
deine Clementinischen Handschriften um die Bibliothek und
Literatur unsterbliche Verdienste gesammelt! — Du hast, in
Verbindung mit dem leichtgläubigen W. *Hanka*, der deine
beiden Fragmente, das Wyšchrad- und das Wenzels-Lied,
unbedachtsam unter die edelsten Perlen der böhmischen Lite-

ratur mengte, es dahin gebracht, dass man die böhmische
Nation, namentlich die Prager Literaten, für einen geheimen
Fälscherbund erklärte, da es sich doch nur um zwei vereinzelte
Minnelieder handelte.

Freilich hat namentlich *Kopitar* in den Kreis der Be-
zweifelung auch das alte Johannisevangelium und die
Glossen der Mater Verborum einbezogen: allein wir müssten
nur befürchten, die Linguistik in ihrem heutigen Zustande zu
beleidigen, wollten wir es auch nur versuchen, gegen die be-
hauptete Unechtheit derselben anzukämpfen, da deren Echtheit
zweifellos ist. (Man vergleiche die „ältesten Denkmäler der
Böhmischen Sprache", kritisch beleuchtet von P. J. *Šafařik* und
Fr. *Palacký*. Prag. 1840. S. 105—166. — Das Schriftwesen
und Schrifttum der böhmisch-slovenischen Völkerstämme in der
Zeit des Ueberganges aus dem Heidentume in das Christentum.
Prag. 1867. Das Johannesevangelium. S. 24—28. — Ueber das
Salamon'sche Lexicon „Mater Verborum und dessen böhmische
Glossen. Siehe die Sitzungsberichte der königl. böhm. Gesell-
schaft der Wissenschaften in Prag im J. 1865. I. Heft. S. 48.
Am 6. Februar 1865.)

Dagegen wollen wir eine Reihe eigentümlicher Fälschungen
freilich ganz eigener, aber anderer Art im Folgenden betrachten.

III. Der Maitraum und einige andere gefälscht gedruckte Gedichte.

Im Jahre 1823 erschien von W. *Hanka's* schon öfter erwähnten „Starobylá skladánie“ das 5. Bändchen u. d. N. „Díl opozděný“, verspäteter Teil, dasselbe Bändchen, in welchem auch das König Wenzel-lied erschien. Darin findet sich unter andern auch ein Gedicht „Májový sen“, der Maitraum, überschrieben, welches man nach *Lupáč's* historischem Kalender, dem vierten Sohne Georg's von Poděbrad, *Hynek*, Fürsten von Münsterberg, zuschrieb (S. 78—122. Vergl. W. *Nebeský*. Musejník. 1848. I. S. 113.).

Ferner ist dort auch abgedruckt der „Mastičkář“, Salbenkrämer, ein Fragment eines alten böhmischen Osterspieles (S. 198—219), das Kirchenlied Svatý Václave (S. 238), endlich S. 243—246 das politische Gedicht „Wilem z Waldeka“ aus Dalemil's Kronik. In den meisten Exemplaren aber, welche sich von diesem 5. Teile im Publikum befinden, wird man vergebens diese beiden letzteren Gedichte suchen, da man auf den S. 243 und 244 wol Zusätze („Doplněk“) einiger Strophen, nicht aber das gesuchte Gedicht, das dort ursprünglich war, wiederfindet und auch die Seiten 245, 246 gänzlich fehlen, indem die angehängte „Erklärung dunkler Worte“ sogleich mit S. 247 beginnt. Blättert man emsig in einem solchen verstümmelten Exemplare, so wird man bald gewar, dass nicht alle Blätter einer gleichen Farbe sind, indem einige ins blaue spielen. Diese bläulichen Blätter sind eben Kartone und was auf ihnen gedruckt steht, ist ein gefälschter Text (Sitzungsber. d. k. b. G. d. W. zu Prag, 1864. II. S. 1—5).

Hat aber jemand ein ganzes unverfälschtes Exemplar, der möge es unter die seltensten Bücher zählen.

Es kam nämlich im J. 1823 dies 5. Bändchen wol vollständig im Drucke heraus, wurde aber nur in wenigen Exemplaren ausgegeben, da es sogleich die Censurbehörde in Beschlag nahm und die Weiterverbreitung nur mit den genannten Kartonen erlaubte.

Vergleicht man nun den Inhalt dieser Kartone mit dem echten Texte, so ersieht man, dass die Censurbehörde aus einer doppelten Ursache das Bändchen beanständigte und zwar das meiste darum, weil der Inhalt sehr l a s c i v e r Natur war das andere, d. i. namentlich das Lied: Wilhelm von Waldek aber aus p o l i t i s c h e n Gründen, sowie auch sogar das V o l k s - K i r c h e n l i e d S. 238 „Svatý V á c l a v e, vévodo země české“.

Den Beweis dafür liefern nun folgende Stellen:

1. Aus dem M a i t r a u m e, S. 114 e c h t: „prosím tvé milosti, rač se svléci a lehnúti ke mně sem“, g e f ä l s c h t: „i nemuož jazyk moj to vyřieci i přistupiž, prosím milá, sem“. V. 1., 2., e c h t: „protož svleč se a lehni mé utiešenie, chceš-li ať neumru ohniem pravého milovanie“. G e f ä l s c h t: „pojdiž ke mně moje utiešenie, vyplň srdce mého touženie“. S. 119 e c h t: „že ji hned nahu uhledach, takž jakž ji matie urodila, co jest tepruv piekna byla“. (V. 2—4) g e f ä l s c h t: „že ji tu hned samu uhledach, ach! jak pěkná paní byla, jak mie krásou oslnila. S. 120 e c h t: „a já vzdy kdes pieknie mluvím, a proto vzdy svého hledím, zda bych jí mohl kolena rozložiti, a mezi nie se rychle vložiti“. V. 13—16 g e f ä l s c h t: „a já vzdy s ní pieknie mluvím, s milenkou se drahou tiešim, vroucnie ji ku srdci vinu, v rozkoši oblažen plynu“.

2. Aus dem M a s t i č k á ř (Salbenkrämer), S. 207, e c h t: „A tuto mast činil mnich v chyšce, mnich sedic na jeptišce“. V. 10, 11. g e f ä l s c h t: „a tuto mast činils pod miesícem, tuto mast potřebnou k mnohým viecem“. S. 219 e c h t: „byla v stodole zavřena s jedním m n i c h e m komendorem“. V. 5, 6. g e f ä l s c h t: „byla v stodole zavřena s jedním p á n e m komendorem“.

3. Das St. W e n z e l s l i e d. Dies Kirchen-Lied fiel in der gefälschten Ausgabe ganz aus, obschon es bis auf den heutigen Tag ein Volks-Kirchenlied ist. Die Ursache war hauptsächlich nur eine Strophe desselben. Der Vater des Verfassers

dieser Abhandlung erzählte uns Kindern gar oft, dass noch im
ersten Decennium unseres Jahrhundertes in der Teynkirche zu
Prag, wann nach dem Segen der Geistliche schon vom Altare
weggegangen, die wenigen übriggebliebenen Alten das Wenzelslied gesungen hätten und zwar mit der Schlussstrophe: Svatý
Václave! vévodo země české, vyžču Němce, cizozemce! Krleš!
Krleš! d. i. H. Wenzel! verjage die Deutschen, die
Fremdlinge, Kyrie eleison, Kyrie eleison. Diese Strophe
gab nun Hanka allerdings nicht wörtlich, sondern nur an-
deutungsweise mit den euphemistischen Worten: „utieš smutné,
otžču vše zlé, svatý Václave, kyrie eleison", d. i. erfreue
uns Betrübte, verjage alles Böse, h. Wenzel, Kyrie eleison.
„Ty jsi dědic české země, rozpomeň si na své plémě, nedej
zahynouti nám a budoucím, sv. Václ., kyr. e.!" d. i. „Du
bist der Erbe des böhmischen Landes, behalte Dein Geschlecht
in steter Erinnerung und lasse nicht zu, dass wir und unsere
Nachfolger zu Grunde gehen".

Es ist hier nicht der Ort nachzuweisen, dass und wie eine
solche Bitte an den heil. Wenzel Behufes der Deutschen ganz
den historischen Begebenheiten widerspricht; kurz, das Lied
wurde verboten, so wie der heil. Wenzel noch heut zu Tage
der Träger altböhmischen Patriotismus ist (St. Wenzelskrone,
St. Wenzels-Reiterstatue in Prag).

4. Wilhelm von Waldek. Es ist dies ein Klagelied
über den Tod Wilhelm's von Waldek „der das Schwert" des
Böhmenvolkes war, der die deutschen Köpfe stumpf
machte (vernichtete, tupil) die Böhmen aber gegen alle Seiten
hin verteidigte. Es kömmt im Liede auch eine Anrede an die
Böhmen mit folgenden Worden vor: Ihr Böhmen, geruhet zu
vernehmen, und für lautere Wahrheit zu halten, dass man euch
listig Schlingen knüpfet: verwahrt euch davor, das
ist mein Rat". Der Schluss endlich des Liedes lautet, wie
folgt: „Darum bliesen sich in Böhmen die Schwaben so
auf, gleich den Fröschen. Ihr Christen bittet zu Gott, zumal
ihr Güterbesitzer, dass der Born Wilhelms sich fortzeuge (pra-
men — plodil): dazu saget alle Amen".

Offenbar wollte hier *Hanka* unter der Form altböhmischer Gedichte neuböhmisch politisches Kapital schlagen
— was wir auch noch bei „Libuša's Prophezeihung" sehen werden.

Interessant wäre es nun aus alten Acten der Censurbehörde zu erheben 1) wie es kam, dass solche Lieder und Liederstellen nach den damaligen scharfen •Censurvorschriften überhaupt gleich ursprünglich zum Drucke zugelassen werden konnten; 2) ob diese Tatsache auf irgend ein gutes, wenigstens zeitweiliges Einvernehmen zwischen dem Censor (Zimmermann) und Herausgeber (Hanka) deute, was doch alle alten Augenzeugen läugnen; 3) ob der Censor erst dann Lärm schlug, als Beamte und Geistliche (Millauer?) über die Obscoenitäten und politischen Extravaganzen der Lieder aufgebracht, dem Censor Zimmermann Unannehmlichkeiten bereiteten; 4) ob dieser (nämlich Zimmermann) auch in dem Falle dieser Unannehmlichkeiten nebst den Censurstrichen nach seiner Gewohnheit den gefälschten Text mitlieferte, oder aber ob der Censor es nur *Hanka*, mit Hilfe etwa des Mitherausgebers der K. H., nämlich, wie die Fama damals sagte, mit Wenzel *Svoboda*, Gymnasialprofessor zu Neuhaus, dann auf der Kleinseite zu Prag, überliess, das g e i s t l o s e F a l s i f i c a t zu erzeugen.

Es ist nun keine Frage, dass es W. *Hanka*, dem Vaterlandsfreunde, nicht zur Ehre gereiche, g e f ä l s c h t e s dem Vaterlande für e c h t e s und noch dazu g e g e n G e l d (Kauf) geboten zu haben: wenn man jedoch die bekannte Zaghaftigkeit seines Characters, ja seine Furchtsamkeit in politicis compromittirt zu werden, mit der Naivität der Vorrede vergleicht, in dem von den w e g g e l a s s e n e n Liedern eben so referirt wird, wie wenn sie b e i b e h a l t e n worden wären: so wird man über Hanka's eigenes unmännliches Gemüt viel milder urteilen, als nach der blossen Tatsache der Fälschung möglich wäre; welche F ä l s c h u n g übrigens Hanka durch sein ganzes Leben von seiner P e r s o n in seinen Behauptungen fernhielt, sie, sammt der Herausgabe der Censurstelle in die Schuhe schiebend.

Vergleicht man nämlich die Vorrede aufmerksam mit dem wirklichen Inhalte des Buches, und bemerkt man die Unordnung in den Seitenzahlen desselben, so wie die auffallend blauen Cartonblätter mit den echten, alten Blättern, so zeugt alles dafür, dass Hanka genug Merkmale stehen liess, um die Käufer auf das Gefälschte aufmerksam zu machen.

Gegen ihn redet jedoch, aber eben so auch gegen *Zimmermann*, der gleichfalls gerne Patriot hiess oder wenigstens gerne Patriot schien, dass beide das Gefälschte durch ihr ganzes Leben hindurch in den Buchläden verkaufen liessen, ja dass *Hanka* selbst nach dem J. 1848 keine Revocationen und Herstellungen des Textes anordnete. Auch die Imbecillität seines Geistes und Characters und die Ungelenkigkeit in Slavicis und im Reimen leuchtet schon aus dem alleinigen von ihm wenigstens zugelassenen Verse im Mastičkář hervor: „a tuto mast činils pod m i e s í c e m, tuto mast potřebnou k mnohým v i e c e m", wie denn überhaupt alle die Fälschungen durch ihre über alle Kritik gehende reelle und formelle S e i c h t i g k e i t, ja N i c h t i g k e i t an und für sich schon Zeugen der o r i g i n e l l e n G e n i a l i t ä t der Grünberger und der Königinhofer Handschrift sind. Namentlich sind diese elenden Fälschungen im J. 1823 ein Beweis, auf welchen schwachen Füssen die Slavistik noch in diesem Jahre in Prag stund, da man n a c h v o r l i e g e n d e m O r i g i n a l e n i c h t e i n m a l e r t r ä g l i c h z u m i l d e r n w u s s t e, und für obscön Concretes nur fade abstracte Langweiligkeiten setzte.

In Hinsicht der nähern Umstände dieser Transposition ist ein Brief *Hanka's* interessant, der ursprünglich in einem Feuilleton der Reichenberger Zeitung veröffentlicht gewesen sein soll, dann aber in Nr. 194 des „T a g e s b o t e n aus Böhmen", am 16. Juli 1862 wiedergegeben wurde. Es wünschte nämlich Jemand die Q u e l l e vom M á j o v ý s e n (Maitraum) zu kennen, weshalb er sich an *Hanka* selbst wante, worauf ihm denn Wenceslav Hanka folgenden Brief geschrieben haben soll: „Euer Wohlgeboren! Das Gedicht „M á j o v ý s e n" habe ich im 5. Bändchen: Starobylá skladánie, 1823, abdrucken lassen. Leider haben solches z w e i heuchlerische Pfaffen zusammen gelesen, so dass ich einen Process auf den Hals bekam. Ich hab mich mit der Censur ausgewiesen und das Revisionsamt hat sodann in den noch unverkauften Exemplaren (das war der g r ö s s t e T e i l) mehrere Blätter ausschneiden lassen, und dem Professor *Svoboda*-Novarovský a u f g e t r a g e n, in altböhmischer Sprache etwas anderes h i n e i n z u d i c h t e n und damit wurden die ausgeschnittenen Blätter ergänzt. In der Gedichtsammlung der Klara H ä t z l e r i n befindet sich ein Stück, welches viel Aen-

lichkeit mit Májový sen hat. Die Ausgabe dieser Sammlung
hat nach der Abschrift des böhmischen Museums Haltaus
gemacht. Es erinnern auch an die genannte Sammlung mehrere
böhmische Gedichte, besonders die sogenannten Svitanička
(Tagesweisen), welche im Časopis českého Museum (1827) aus
einem Wittingauer Manuscripte von mir und Palacký (können
von grossen Herren aus Böhmen herrühren) abgedruckt erscheinen". —

Wir zweifeln nun keinen Augenblick, dass dieser Brief
Hanka's echt sei, da er ganz die Farbe des schwankenden und
unpräcisen Characters Hanka's in den meisten seiner Erzählun-
gen an sich trägt, nämlich etwas zu sagen, einzugestehen, aber
nicht vollständig, sondern fragmentarisch, nicht klar und rein,
sondern halb unverständlich und mit nicht dazu gehörigem gemengt. So berührt er z. B. das Verhältniss der Klara Hätzlerin zu seinem vermeintlichen Maitraum Hynek's von Poděbrad, aber zieht dennoch nicht die eigentlichen Consequenzen
daraus, die dahin auslaufen würden, dass das ganze einzig
und allein von *Hanka* dem Heinrich (Heinz, Hynek) von
Poděbrad zugeschriebene Lied kein Original, sondern nur eine freie böhm. Uebersetzung ist, und zwar
aus deutschen Liedersammlungen, wovon eine — die
nämlich der Klara Hätzlerin im böhm. Museum zu Prag aufbewahrt wird (herausgegeben von Dr. Carl *Haltaus*. Quedlinburg
und Leipzig. 1840). Nun hat nicht etwa *Hanka* das deutsche
Original ins böhmische übersetzt, sondern es existirt in Prag
auch eine böhmische Liedersammlung aus dem 15. oder
16. Jhrt., die handschriftlich sich in der Büchersammlung des
Freiherrn von Neuberg befindet, wornach eben Hanka seinen
sogenannten Maitraum herausgab.

Die Sache verhält sich nämlich so: Als Hanka vor dem
J. 1823 einst das Neuberg'sche Manuscript durchgieng, fand er
darin ein Gedicht, das von späterer Hand: „veršové o mi-
lovníku", Verse von einem Verliebten, überschrieben ist und
breitspurig erzählt, was einem Verliebten im Mai begegnete,
nämlich dass ihm, dem nach seiner Geliebten so sehnsüchtigen,
ein schönes, liebesüchtiges Fräulein im Freien, wo alles des
Maies sich erfreute, antraf, welches Fräulein ihn fein be-
grüssend, zugleich herzlich umarmte. Er aber kramt vor ihr

blöde seinen Harm aus, dass es ihm nämlich immer elend gehe,
mag nun seine eigene Geliebte ferne von ihm sein oder gegenwärtig: da er im erstern Falle sie gegenwärtig zu sein wünsche,
im zweiten aber vor lauter Hochachtung zu ihr sich der Liebe
nicht hingeben könne. Und so gehe es gerade auch seiner
Geliebten, obschon beide sich schon die innigste Neigung und
die feurigste Liebe eingestanden hätten. Das liebesüchtige
fremde Fräulein nennt ihn zuletzt nach vielen vergebens ge-
tanen Fragen und angetragenen neuen Liebkosungen, einen
wahren Sklaven (pravý nevolník) und verlässt ihn, damit die
Leute von ihnen nichts unrechtes dächten, gibt ihm aber am
Ende doch noch vor dem Weggehen einige „sehr hübsche
Küsse" (přepiekné hubičky). Das ist nun ein in sich ganz ab-
geschlossenes Gedicht, das man bei Haltaus S. 131 unter dem
Titel: „wie aine iren pülen hiesz leben" in gedrängterer Kürze
findet, wärend die böhmische Bearbeitung unerträglich breit
gehalten ist.

Ein z w e i t e s, von dem ebengenannten ganz verschiedenes
Gedicht, das im böhmischen Liederbuche nach einer L ü c k e
auf das erste folgt, besingt ebenfalls den Mai, oder eigentlich,
wie viele andere Gedichte, die Frühlingszeit (když se jest p o-
čínalo léto, a všeliké kořenie již o b ž i v a l o, všude se již
všecko z e l e n a l o) und erzählt dann einen T r a u m eines
Jünglings (nicht aber im freien, sondern in einem köstlich zu-
bereiteten Bette, sohin o h n e j e d e n Z u s a m m e n h a n g mit
dem Lobe des F r ü h l i n g's, welches Lob sohin nur als eine
Art poetischer Einleitung dem Gedichte vorangeht, auf den
Traum wie gesagt keinen Bezug mer nehmend.

Im Traume erscheint nun dem Jünglinge eine schöne Frau,
gegen die er sogleich in helle Liebesflammen ausbricht und sie
um eine Gunst nach der andern feurig und zwar mit günstigem
Erfolge bittet, so dass sie sich endlich sogar entkleidet und zu
ihm in's Bette steigt. Bei seiner Anstrengung nun, vollends
liebenswürdig zu sein, kracht das Bett und das Hündchen unter
dem Bette wird ängstlich laut (upiel), wobei denn der Arme
aus dem Schlafe erwacht.

Dieses für sich wiederum g a n z s e l b s t s t ä n d i g e Ge-
d i c h t findet man gleichfalls im *Haltaus*, aber dem vorigen
Gedichte v o r a n g e h e n d, S. 127, Nr. 5, unter dem Titel:

„von einem lieplichen t r a u m p ains Gesellen“, nur dass der
Schluss ein anderer ist, als beim böhmischen Gedichte: bei be-
vorstehender Katastrophe tritt nämlich im böhm. Gedichte ein
Freund ins unversperrte Zimmer und weckt den Armen mit dem
Zurufe, dass er die M e s s e verschlafen habe. Im Deutschen
ist, wie gesagt, vom Mai und Frühling bei der eigentlichen
Erzählung gar keine Rede, sondern, wie auch der Titel sagt,
n u r v o m T r a u m e. Das böhm. Gedicht aber, das im Anfange lädirt ist, weiset natürlich gar k e i n e n T i t e l aus.

Diese beiden mit einander g a r n i c h t s g e m e i n-
h a b e n d e n G e d i c h t e schlug nun *Hanka* in seiner Ausgabe der Starobylá skladánie, merkwürdiger, aber wirklich unbegreiflicher Weise, in e i n Gedicht zusammen (Seite 111 ist
oben das Ende des ersten und unten der Anfang des zweiten
Gedichtes) und weil das erste v o m M a i (aber ohne Traum),
das zweite v o m T r a u m e (aber ohne Mai) handelte, sah e r
darin d o c h e i n e n Maitraum und da die Alten (Lupacius,
Veleslavin und die Jesuiten Balbin und Crugerius), von
einem „Somnium majale“, das unter den hinterlassenen Schriften
H e i n r i c h s von Poděbrad sich befunden haben soll, sprechen,
sah Hanka darin den bisher vermissten M a i t r a u m d e s H y-
n e k v o n P o d ě b r a d! und decretirte diesen so in seinen Starobylá skladánie den böhmischen Literaten zu.

Es ist nun wol keine Rede davon, dass Hanka diese Ungeschicklichkeit absichtlich begieng, denn wissentlich und nüch-
tern wird wol niemand sich als einen blöden Kopf hinstellen,
nein, er lebte ein so süsses, träumerisch dunkles Seelenleben
ohne jedes klare Selbstbewusstsein durch sein ganzes Leben
gleich einem naiven Kinde: er sah sohin auch nicht das
Ungehörige des Zusammenschlagens zweier verschiedenartiger,
nicht zusammengehöriger Gedichte in e i n Gedicht ein und
war wol der festen Ueberzeugung, auch als ihm im J. 1848
W. *Nebeský* (Musejník, S. 113.) auf den Dualismus oder auf
das zwiespältige Verhältniss dieser beiden Lieder in der schon
genannten Liedersammlung der Clara H ä t z l e r i n aufmerksam
gemacht hatte, dass das von ihm zu e i n e m föderirte Lied ein
wirkliches Product des königlichen Prinzen H y n e k sei, welches
ihm leider die böse Censur so greulich zugerichtet hatte.

Wir haben schon oben unsere Vermutung ausgesprochen, dass die gefälschten Censurlücken von *Zimmermann* selbst herrühren, da er, wie bekannt, als Censor auch anzuordnen pflegte, was stat des gestrichenen zu stehen habe und müssen eingestehen, dass wir bei dieser unserer Ansicht verharren, troz der ausdrücklichen, durch die Fama unterstützten Behauptung W. *Hanka's*, das Revisionsamt hätte die Fälschung dem Prof. *Svoboda* von Novarov aufgetragen, da diese Behauptung in dieser Form doch wol eine reine Unmöglichkeit ist. Dass Zimmermann als Censor mit Prof. Svoboda, dem Freunde und Verehrer Hanka's, verhandelt haben mag, geben wir gerne zu. Prof. Svoboda war aber ein zu guter, poetischer, ja genialer Kopf, als dass er sich nicht auf eine bessere Weise aus dieser Verlegenheit gezogen hätte, denn die Lückenbüsser sind, wie gesagt, wirklich unverantwortliche, abstracte Langweiligkeiten in einer sehr ungeschlachten Sprachweise, in welcher sehr wenig alte Sprachformen vorkommen. Dieselben passen noch dazu in den wenigsten Orten zum Ganzen, ganz so, wie die ausgefüllten Censurlücken Zimmermann's gewönlich zu sein pflegten, wie Zeitgenossen noch jetzt bestätigen können.

Dass die Censurstriche in vielen Fällen nur Chikane waren, ist augenscheinlich: so musste man z. B. S. 85, Vers 18, stat: bóh v nebi, Gott im Himmel, nur nebe, Himmel, setzen, damit es nicht hiesse: Gott im Himmel hat keine schönere Frau, sondern nur: der Himmel hat keine schönere Frau, als ob es unter den Heiliginen nicht auch schöne Gestalten geben könnte. Wegen dieses einen Wortes musste ein ganzer Karton neu gedruckt werden. S. 118, Vers 1, musste stat: „bleibe länger oder kürzer liegen“, gesagt werden: küsse mich liebevoll nur ein wenig. Vers 10. für: „in dies dein Bette“ wurde gesagt: „wie eine Braut in ihre Wohnung“. S. 119, Vers 19 für: „ich konnte nicht mehr erwarten, dass sie sich zu mir lege“, „ich konnte nicht erwarten, dass sie sich zu mir setze“. S. 120, Vers 6 für: „sie segnete sich und trat in mein Bett“, wurde gesetzt: „sie segnete sich und trat in mein Zimmer“ (und doch war sie schon volle fünf Blätter des Gedichtes bereits im Zimmer) u. s. w. Zeitgenossen, die Zimmermann kannten, werden, wie gesagt, einmütig gestehen, dass das alles zum Teil beschränkte, zum Teile boshafte Zimmermanniaden seien, nicht aber Schöpfungen des humoristischen Professors Svoboda.

Früge jemand, wie es denn komme, dass *Hanka* etwas solches unter s e i n e m Namen verkaufen lassen konnte, selbst als Zimmermann gestorben war (1836), und dass er nach dem Jahre 1848, wo es keine Censur gab, keine e c h t e Ausgabe des Májový sen (nach s e i n e r Meinung) veranstaltete, so wissen wir aus dem geistesdunklen Grunde des Gemütes Hanka's k e i n e Antwort hervorzusuchen, ja, wie gesagt, leider auch keine Entschuldigung, als höchstens die, dass er Geschehenes nicht ungeschehen machen konnte. Er war aber in der Tat eine irrationale Grösse, ein ganz incommensurabler Autodidakt und Sonderling.

Was die im Briefe Hanka's weiter erwähnten Svítanička oder Tagesweisen betrifft, finden sich diese abgedruckt im Musejnik 1827. IV. 5. 1838. 295. 459. 1839. 17. Viele davon sind keine echten Tagweisen und die es auch sind, werden wol n i c h t „herrühren von g r o s s e n Männern aus Böhmen", wie Hanka sagt, sondern sind übersetzt aus dem Deutschen. Längst wurde schon ihr geringer poetischer Wert und ihr n i c h t-n a t i o n a l-b ö h m i s c h e s Gepräge beobachtet und anerkannt.

Schliesslich müssen wir hinsichtlich der böhmischen Liedersammlung im Neuperg'schen Schlosse bemerken, dass diese Sammlung auch ein Analogon der Quelle sein konnte, woraus Zimmermann mutmasslich sein Wyšehradlied: „Ha! ty naše slunce" und sein König-Wenzellied: „Z velikých dobrodružství" bezog, d. i. eine Minneliedersammlung, worein er stat der etwa darin angesprochenen Schönen den Wyšehrad hineinschmuggelte, denn gerade in dem Anfange und in der Ansprache an den Vyšehrad sind die meisten Fehler gegen die altböhm. Grammatik (ha, tvrd, stojieši neben stojieš). Natürlich verschwanden dann die Gedichte aus der Sammlung, wie denn die Neuperg'-sche leider in der Tat so viele Blätter-Lücken aufzuweisen hat. Doch findet man oben, S. 32, bei Gelegenheit der Besprechung des deutschen Wyšehradliedes auch eine andere Erklärung.

Das waren denn also sämmtliche Fälschungen, die um die Zeit der Auffindung und Herausgabe der Grünb. und Königinh.

Handschrift in die böhm. Literatur hineinfielen. Drei Minne-
lieder! bezeichnend genug für den Geist des eigentlichen
Fabricator's der nach allem obigen zu schliessen, wol ein und
derselbe Mann gewesen sein konnte, welcher geflohen von allen
Patrioten und Liberalen, an diesen sich auf eine so unlautere
Weise rächte.

Würde gleich anfangs an diesen Producten, wie sich's ge-
bürt hätte, am lautern Tageslichte und in voller Oef-
fentlichkeit, ohne einzelne Personen schonen zu wollen,
die man im Verdachte hatte, linguistische und paläographische Kritik geübt worden sein, so wären sie bald in
ihr verdientes Nichts zurückgesunken, wie dies z. B. bei Dobrovský geschah, der anfangs mit dem „Ha! ty naše slunce"
sich täuschen lassend; später dasselbe aufrichtig verwarf, obwol
er, wol öfters gemütskrank, sodann in den entgegengesetzten
Fehler verfallend, auch echtes für gefälscht hielt, ja
sogar noch andere grossartige Fälschungen erwartete, wodurch
er als ein heimischer, böhmischer Literat der Sage von ganzen
Fälscherbündnissen unter den Böhmen bei ferner stehenden
Vorschub leistete. So sagte er z. B. in den Wiener Jahr-
büchern 1827, Band 37, Seite 29. „Ein anderer Impostor wird
auch Libušen's Prophezeiungen und Přemysl's Ge-
setze oder gar Čech's Marschroute aus Indien zum Hohne der
kritischen Bearbeitung der böhmischen Geschichte bald an's
Licht bringen, weil er hoffen kann, leichtgläubige Verteidiger
seiner Erfindungen zu finden."

Auch Dr. *Legis-Glückselig*, der panegyrische Biograph
Hanka's, sagt in seiner Geschichte Böhmen's (Prag, 1853) bei
Gelegenheit der Erwähnung Samo's „Samo und seine Kämpfe
und Siege gegen Avaren und Franken" sind dem böhmischen
Sagenkreise völlig fremd. Doch dürften einst Denkmäler
aufgefunden werden, die auch ihn unter jene vaterländi-
schen Nationalgestalten einreihen, durch welche Böhmen's Geschichte einen so seltenen romantischen Vordergrund erhält"
(S. 12). In diesen Worten wollen Manche schon eine An-
deutung finden, dass *Hanka* einst ein Epos Samo improvisiren
wollte. So gross war nämlich der Verdacht gegen Hanka, dass
er das Oberhaupt dieses geheimen Fälscherbündnisses sei. Ueber
dessen Un-Fähigkeit zu solchen Unternehmungen werden wir

jedoch bald unten *Palacký* selbst sprechen hören. Dass Hanka
so über die Massen in diese betrübende Historie der Fälschungen hineingezogen ward, verschuldete er zumal selbst, da
er z. B. troz der mannigfachen und begründeten Anzweiflungen
des Wyšegrad- und Wenzelliedes beide bis zum J. 1857 mitten
in die Grünb. und Königinh. Handschrift bei den Ausgaben derselben hinein mengte, ja sogar im Geruche stund, selbst an
der K. H. Veränderungen vorgenommen zu haben. Vgl. Schriftwesen und Schrifttum. S. 65, wie auch V. *Nebeský* im Naučný
slovník, Artikel: Králodvorský rukopis und in der Recension
von *Šembera's* dritter Auflage der Geschichte der böhm. Literatur im Obzor literácký. 1868. Feber- und Märzheft. Solche
Nachrichten transpirirten Zeit von Zeit aus dem böhm. Museum,
worin *Hanka* Bibliothecar war, in die Prager Städte. Die Sache
erwies sich allerdings später, als chemische, paläographische und
paläogrammatische Untersuchungen mit der Handschrift vorgenommen wurden, als kindische Spielerei Hanka's, insoferne er
einzelne verblasste Züge der Handschrift aufzufrischen begann,
die Uncialbuchstaben mit frischem Golde und frischen Farben
überzog und in kleine leer gebliebene Räume der Handschrift
plumpe Arabesken (sit venia verbo) hineinzeichnete. Das ärgste,
was man ihm dabei zum Vorwurf machen kann, ist sein törichtes
Vorgehen, einzelne grammatische Besserungen in der Handschrift
vorzunehmen. Er mengte nämlich seine ungewöhnlich grosse
p r a c t i s c h e Sprachgewantheit in allen slavischen Dialecten
und seine seltene Belesenheit in der altböhmischen Literatur
mit der Ansicht, dass er w i s s e n s c h a f t l i c h e r Slavist sei
und meinte nach derselben, dass hie und da in der Handschrift
ältere Sprachformen stehen k ö n n t e n, als wirklich darin stunden.
Dies betraf namentlich den Nominativ und Accusativ, so wie
den Accusativ in dessen Stellvertretung durch den Genitiv.
Diese Aenderungen waren allerdings unverzeihlich, namentlich
als später die vergleichende Sprachwissenschaft das Unrichtige
solcher Besserungen oder doch das Unnötige derselben an den
Tag brachte. Glücklicherweise hat die Photographirung der
gesammten Handschriftblätter alle ursprünglichen Formen wieder hervorgehoben.

Hören wir nun über diese ungeschickten Misshandlungen
der Handschrift durch Hanka Fr. *Palacký* selbst sprechen und

zwar im J. 1858, als Hanka noch lebte, bei Gelegenheit der Verteidigung der Echtheit der Handschriften gegen den Anonymus im Prager Tagesboten.

Palacký und *Šafařík* waren nämlich unter denjenigen wenigen die hervorragendsten, welche, ohne die Verdienste *Hanka's* um die Hebung slavischen Wesens in Böhmen zu verkennen, offenen Sinn behielten für dessen naive Ungeschlachtheiten, oder um geradeaus mit *Miklosich* zu reden: für dessen „A l - b e r n h e i t e n". Hören wir sohin nun Fr. *Palacký* unmittelbar sprechen:

„*Hanka* (meint der Tagesbote) hat einige abgeblasste Buchstaben in der Handschrift mit neuer Tinte aufgefrischt: also kann dieselbe von i h m s e l b s t nicht für alt gehalten worden sein. — Als wenn diese allerdings u n v e r a n t w o r t - l i c h e Operation etwas mehr und anderes bewiese, als die A b - w e s e n h e i t a l l e s k r i t i s c h - w i s s e n s c h a f t l i c h e n S i n n e s und T a c t e s bei Herrn Hanka in dem Augenblicke, als er sie unternahm". — Bohem. 1858. S. 957. Nr. 289. 6. Nov.

„Wenn der Anonymus (des Tagesboten) auf H. Hanka als den grossen Falsarius hinweist und dieser mit der Widerlegung zurückhält, so ist das eben nicht sehr auffallend. Ich möchte an H. Hanka's Stelle vielleicht selbst nicht wissen, ob ich mich über einen solchen Vorwurf mehr ärgern oder freuen soll; denn s o v i e l Geist und Kenntniss wird man ihm doch zugestehen, dass er die ausserordentliche Grösse des Complimentes lebhaft erkenne, das seiner Fähigkeit hiemit gezollt wird. Leider müsste ich aber selbst in den (natürlich an sich ganz unstatthaften) Falle, dass H. Hanka sich zu dem Falsum bekennen wollte, ein wolbegründetes N e i n entgegenrufen. Er wird wol so gut, wie ich, sich noch eines leidigen Factums vom J. 1826 erinnern, das mich schon damals seine Freundschaft kostete, eine Freundschaft, die ich seit dem nicht wieder zu erlangen vermochte. Dem Factum lag seine damalige U n g e ü b t h e i t i m a l t e n Schriftwesen zu Grunde, die noch so g r o s s war, dass ihm selbst einfache Urkunden des 13. Jahrhundertes im L e s e n u n ü b e r w i n d l i c h e S c h w i e r i g k e i t e n machten und er deshalb seine f e h l e r h a f t e n C o p i e n auf Gehciss der Museumsvorstände meinen Verbesserungen gemäss überschreiben musste. Und d e r s e l b e Mann sollte zehn Jahre früher schon

Wunder der Paläografie erzeugt haben, denen kein Zeitgenosse gewachsen war!" Bohem. 1858. 10. Nov. Nr. 292. S. 986.

Palacký's Worte bestätigen also auch unsere Vermutung, dass Hanka um das J. 1817 nicht im Stande war, auch nur ein mässiges altböhmisches Gedicht zu fabriciren, da er Urkunden des 13. Jhrts. noch fehlerhaft las und abschrieb. Dasselbe beweiset auch seine Ausgabe der ältesten böhmisch-lateinischen Lexica-Fragmente v. J. 1833, worin kaum die Hälfte der Wörter richtig gelesen ist.

Und doch machte ihn die Fama zum Centrum aller Fälschungen; was e r nur berührte, was durch i h n herauskam alles wurde verdächtig, wie z. B. das schon oben S. 51. genannte Fragment des altslavisch-böhmischen J o h a n n i s - e v a n g e l i u m's, die Glossen der M a t e r V e r b o r u m, obwol e r z. B. diese Glossen nicht einmal auffand, sondern im J. 1827 der Germanist E. G. *Graff* aus Königsberg selbst bei seiner Anwesenheit in Prag (Museju. 1827. IV. S. 69. Sitz.- Berichte d. k. b. G. d. W. 1365. 6. Fcbr.). Er verschuldete, wie gesagt, diesen Ruf selbst, durch seine, ihm eigene Geheimnisstuerei, durch seine stets unbestimmten Antworten auf gegebene Fragen, durch seine Gewohnheit, kleinlichen Zurückführens mittelalterlicher Wortformen auf ältere Formen, z. B. im Májový sen, stat buoh, b ó h, kurz durch seine in's masslose gehende Kritiklosigkeit und Subjectivität, die dennoch Manchen so liebenswürdig dünkte, trotzdem dass sie so übel bei der Herausgabe böhmischer Werke durch ihn wirkte.

Bedeutende Literaten ausserhalb Böhmen, welche die Gränzen genau kannten, innerhalb deren sich *Hanka's* Geist bewegte, rieten auch nicht auf ihn, sondern, als den Prager Literaten-Verhältnissen ferne stehend, rieten manche auf eine ganz geheime Fabrik von Fälschungen in Prag, wie z. B. *Kopitar*, der in den Prolegomenis historicis zu seinem Rheimser Evangelium ausdrücklich sagt: Halte für wahr, dass seit dem Jahre 1817 unter den B ö h m e n die F ä l s c h u n g s p e s t g r a s s i r e (grassari ab anno 1817 in Bohemis pestem νοθείας), nachdem die F ä l s c h e r durch Vuk's Liederbuch v. J. 1814 die slavisch-populären Metra erlernt hatten (Slav. Biblioth. I. S. 68.). Es half nichts, dass die grössten und besten Gedichte der K. H. o h n e alles Metrum oder in andern Versformen

herauskamen, dass die wirklich gefälschten Lieder keine Spur
des slavisch-populären Metrums enthalten, dass Vuk's erste
Ausgabe der Nationallieder um das J. 1817 noch eine Terra
incognita blieb, wie selbst die Prostonárodní srbská m u s a
do Čech převedená od V. H a n k y im J. 1817 (12°. 34 Seiten,
um 7 Kreuzer damals zu haben) schlagend beweiset; das Vor-
urteil war einmal da und blieb blind, und die edelsten Namen
der böhm. Literatur, wie Jos. *Jungmann*, Fr. *Palacký*, P. J.
Šafařík wurden in der mythischen Fälscher-Fabrik als mittätig
mit vermutet, wärend Hanka im böhmischen Museum als der
Grossverschleisser der Fabrikate galt.

Das Detail dieser Geschichte erzählten wir schon in un-
serm „Schrifttum und Schriftwesen (S. 55—67)", eben so be·
richteten wir, dass der Verdacht gegen das böhm. Museum
leider bis auf unsere Tage noch nicht völlig gewichen ist. Die
Ursache davon ward nun allerdings wieder *Hanka*, und zwar
schon im J. 1849, lange also nach Zimmermann's Tode.

Denn Zimmermann erfreute sich in der damaligen Stille
und Zurückgezogenheit seiner Bibliothekswirksamkeit nicht lange
seiner süssen Rache am Museum oder mit andern Worten, der
väterlichen Pflege seiner Fälschungen durch Hanka, seinen
Feind. Denn schon im J. 1833 begann er zu kränkeln, suchte
in den Jahren 1833 und 1834 Hilfe in den böhmischen Bädern,
allein bereits vergebens, denn am 27. September 1836, dem
Krönungsjahre Kaiser Ferdinand's in Prag, starb er, ohnehin
schon sehr geschwächt, an der Cholera im 48. Jahre seines
Lebens.

Volle dreizehn Jahre n a ch *Zimmermann's* T o d e er-
schienen nun auf einmal von *Hanka* selbst herausgegeben, wie
Dobrovský es vorhergesagt (S. 62), plötzlich und unerwartet die
P r o p h e z e i u n g e n L u b u š a's.

IV. „Die Prophezeiungen Lubuša's".

Es war am 28. Juni 1849 als sich die Mitglieder der historischen Section der kön. böhm. Gesellschaft der Wissenschaften in Prag zu einer Sitzung versammelten. Es kamen damals folgende Herren zusammen : J. P. *Šafařík, Hanka, Vocel, Erben, Zeithammer* und *Zap.*

Hanka zeigte den Versammelten s i e b e n P e r g a m e n - s t r e i f e n vor, welche e r s e l b s t aus einer Papierhandschrift des 15. Jhrts. unter dem Titel : de arte moriendi, Nr. 960 im Museum, unter der Naht herausgezogen haben will, wie e r aus- drücklich s e l b s t angab. Auf diesen sieben Pergamenstreifen waren in b ö h m i s ch e n Leoniden die Prophezeiungen Lubuša's geschrieben. Dieselben Prophezeiungen hatte er in l a t e i - n i s ch e r Sprache vor mehreren Jahren schon, gleichfalls nach eigener Aussage. auf einem Pergamenvorsetzblatte einer Roky- caner Handschrift u. d. N.: „Prima pars Johanicii", die nun ebenfalls im böhm. Museum unter der Nr. 306 sich befindet entdeckt. Diese beiden Pergamene sind, wie er lehrte, der Schrift nach aus dem 14. Jhrt. und obgleich die böhmische sichtlich älter wäre, so müsste man doch das Latein, welches vermutlich schon die Copie eines älteren ist, wegen den in böhmischen Gedichten ungewöhnlichen Leoniden als Original annehmen (Sitz.-Bericht d. k. b. G. d. W. 6. Band. Prag, 1851. S. 26, 27.).

Dieselbe Ansicht findet man in böhmischer Sprache im Musejník vom J. 1849 durch Hanka selbst abgedruckt und zwar im 2. Hefte, S. 138, 139, wobei zugleich der Abdruck des lateinischen und böhmischen T e x t e s mitgegeben ist. Die Hauptstelle darin ist politischer Natur und lautet l a t e i n i s ch : „Elizabet proles generabit, qui quasi soles undique lucebunt et plurima regna tenebunt — eius ex archa nascetur, eritque mo-

5*

narcha — abiuret extremos et diliget ipse Boemos, qui
nichili modo facti sunt, aliisque subacti" — böhmisch aber:
„Elžběta splodí sčedie, jež jako slunce hledie, ze všad jasně
svietí, mnoho vlasti bude diržeti, z jejie pirvomládce zrodí sě
i povstane vládce — rozežene Němce, vzlubí sobě Čechy,
své zemce, již nynie jsú zmařeni i jiným na jho podrobeni".
Diese Stelle hat, um kurz zu sprechen, nach dem Böhmischen,
das aber nicht ganz mit dem lateinischen stimmt, den Sinn:
der Erstgeborne Elisabet's werde die Deutschen auseinander
stäuben und die Böhmen, seine Landsleute, die nun geschwächt und von andern unterjocht sind, werde er zu seinen
Günstlingen machen, sie erhöhen, vermehren und mit denselben
die ganze Welt erobern (hos peragrabit, totum mun-
dumque superabit — ty vzvelbí, vzmoží, i ves svět jimi
přemoží".

Der Verfasser dieser Abhandlung über die böhm. Hand-
schriften-Fälschungen war damals noch nicht in Prag, weiss
sohin nicht, wie die Versammelten diesen neuen Fund aufgenommen hatten, nur *Šafařík* sagte ihm später, er hätte mit
Lächeln die Prophezeiungen Hanka's und ungläubig angehört,
ohne jedoch etwas darauf zu erwiedern. Er stand mit Hanka
im Verhältnisse einer kalten, gespannten Freundlichkeit. Man
liess damals Hanka gewähren, ihn, der seit dem Jahre 1848
auch politisch für die Slaven u. zwar mit subjectiven u. reellen
Opfern aufgetreten war. Die ganze Sache schlief sohin wiederum
bei der politischen Erregung jener Zeiten völlig ein, erst als
im J. 1858 die Anfeindungen gegen Hanka von Neuem seitens
des „Tagesboten" begannen, die ihm die Ehre erwiesen, ihn für
den Verfasser der Königinhofer Handschrift selbst zu halten,
trat in Sybel's historischer Zeitschrift 1859. I. S. 128, 129
Max. Büdinger auch gegen die Prophetia Lubušœ auf, sie
„eine Impostur, wenn je eine gewagt worden ist" nennend.

Hanka soll damals, nachdem er den lateinischen Text
hatte photographiren lassen, die böhmischen Pergamentstreifen
wieder unter die Naht, woraus er sie hervorgeholt, gegeben
haben. So gieng die Fama. Warum tat er wol dies? warum
liess er nicht auch das böhmische photographiren? —

Fr. Palacký, der, wie wir oben gesehen, einer der eifrig-
sten Verteidiger der K. H. war, untersuchte noch in demselben

J. 1859 den lateinischen und böhmischen Text mit dem End-
resultate, dass der lateinische Text, den jedoch Hanka unrecht
las, echt, der böhmische Text jedoch verdächtig sei.
Hören wir jedoch auch hier lieber *Palacký* selbst, wie er sich
in Sybel's histor. Zeitschrift (1859. III. B. S. 109) äussert:

„Den lateinischen Text hat Hanka 1849 nicht nur stellen-
weise unrichtig gelesen, sondern auch gänzlich missver-
standen, da er ihn auf Karl IV. bezog, wärend er auf
König Wenzel IV. zu beziehen ist und etwa 1376—1380 von einem
böhmischen Collegiaten an der Prager Universität gedichtet
wurde. Für Wenzel IV. sollte das Product wol Spiegel und
Sporn zugleich sein. Die nationale Apostrophe gegen die
Deutschen, wird schon z. B. das Chronicon universitatis
Pragensis (bei Höfler p. 13. 14.) zum J. 1384 hinlänglich erklären.“ — Vgl. *Palacký's* „Hus und Prof. Höfler“. S. 17.

Palacký citirt hier *Höfler's* Geschichtschreiber der Husitischen Bewegung in Böhm. I. B. wo das Chronicon univer. Prag.
aus einer Handschrift der Wiener Hofbibliotek (Nr. 7650) abgedruckt ist. Dort heisst es beim J. 1384 Magnum certamen
inter nationem Bohemicam et tres alias nationes insur-
rexit, propter collegiaturas, qua non Bohemi sed
externæ nationes possiderant. Die Prophetie eines solchen ver-
kürzten Böhmen, wol mit etwas flüchtiger Hand und vielen Ab-
reviaturen versehen, las aber Hanka nicht ganz richtig, wie
eben auch Palacký bemerkte. Hanka las nämlich, z. B. abiuret extremos stat abnuet, welchen Lesefehler jedoch selbst
Max Büdinger nicht fühlte, dem jedoch natürlich die Uibersetzung „abiuret extremos“ für abiurabit externos durch
„rozežene Němce“, er wird die Deutschen zerstäuben, allerdings
sonderbar erschien. Der Fehler: „cvsis finis“ für ensis suus,
mag nur ein Satz- oder Druck-Fehler sein, wie überhaupt der
ganze Aufsatz im Musejník voll von Satz-Fehlern ist,
die man entweder Hanka oder dem damaligen Corrector, oder
beiden, imputiren kann. Wir halten diesen Fehler nur für einen
Druck- oder eigentlich gesprochen, für einen Satz-Fehler, weil
die Uibersetzung richtig „meč jeho“ ensis suus wiedergibt.
Dahin rechnen wir jedoch nicht den argen Fehler: finis in urbe
dabit für David, da die Uibersetzung auf dabit weisset
(konec vezme vměstě). Einen correctern lateinischen

Text hat Hanka in seiner Ausgabe des deutschen D a l i m i l
(Stuttgart, 1859. 48. Publication des Stuttgarter literar. Vereins.
S. 239) abdrucken lassen und zwar wieder ungeschickt genug
als Beilage zu dem Leben und Wirken der D a l i m i l'sch e n
Libuša selbst. Den böhmischen Text liess er jedoch nicht ab-
drucken.

Uiber den b ö h m i s c h e n Text sagt aber Fr. Palacký:
„Die Schrift erscheint n i c h t wie in c i n e m Gusse, sondern
enthält Elemente, die man dem e r s t e n, und andere, die man
dem l e t z t e n Viertel des v i e r z e h n t e n Jahrhunderts zu-
weissen könnte und ihre kritische Würdigung mit dem blossen
Auge ist um so schwieriger, als die einzelnen Pergamentstreifen
j e t z t w i e d e r in die Näthe des Codex eingefügt sind, aus
welchen sie H. Hanka, s e i n e r A u s s a g e n a c h, 1849 herausgezogen hatte. In sprachlicher Hinsicht weiset die Uibersetzung nicht nur manches U n e r h ö r t e, sondern auch wirkliche orthographische und grammatische Schnitzer auf, die zwar
auch in e c h t e n Uibersetzungen aus dem Ende des XIV. Jahrhunderts n i c h t beispiellos, aber doch immer auffallend sind.“ —
Ein s i c h e r e s Urteil über diesen Ausspruch Palacký's seitens
des böhmischen Textes zu fällen, ist für uns sehr schwer, da
andere Gelehrte, welche ebenfalls in der praktischen Diplomatik
sehr bewandert sind, das entgegengesetzte Urteil fällten, wie
z. B. Prof. V. V. *Tomek*, der die Pergamentstreifen für unver-
dächtig hielt. Wir sahen, wie gesagt, die Streifen nie. Was
hätte auch Hanka bei nüchterner, klarer Vernunft bewegen können
im Jahre 1849 eine solche Prophezeiung erst zu fälschen, d. h.
eingentlich s c h l e c h t z u ü b e r s e t z e n, da die lateinische
e c h t ist, was sollte ihn bewogen haben, sich mit einer solchen
Uibersetzung vor ein ganzes Gelehrtencollegium hervorzuwagen,
was hätte ihn bewegen können, Lubuša's Prophezeiungen überhaupt zu übersetzen, da sie sich ja n i c h t e r f ü l l t e n. Er
s e l b s t bezog sie ja nicht auf u n s e r e Z e i t e n, sondern
bezog sie auf E l i s a b e t, Gemalin des letzten Přemysliden
Wenzel, oder anf K a r l IV., da, wie er selbst sagt, „Prophetien
gewönlich erst geschrieben zu werden pflegen, wenn ihr Hauptinhalt bereits erfüllt ist“ (S. 139 im Mus.). Seine bekannte Eitel-
keit, stets gerne v o n s i c h s p r e c h e n z u m a c h e n, stets
n e u e s zu wissen und zu zeigen, klärt diese Erscheinung aller-

dings nicht ganz auf, da er selbst kein Gewicht darauf zu legen schien, weil er die böhmischen Streifen n i c h t lithographiren liess, sondern sie wieder in eine Handschrift einlegte. Dabei stossen wir denn wiederum auf die dunkle, unbestimmte, schwankende Seite seines Characters, welche auch wieder die Gegenseite der günstigen Beurteilung bietet, obschon sie nur in der oftgenannten, gränzenlosen Unsicherheit und Unbeholfenheit seines ganzen Wesens und nicht im bösen Willen ihren Grund haben könnte.

So viel, aber auch nur so viel, spricht zu Gunsten Hanka's, dem eben, weil er seit dem J. 1861 nicht mehr unter den Lebenden weilt, mehr schonende Rücksicht zu widmen ist, als sonst, wenn er sich selbst verteidigen könnte. Aber diese Rücksicht darf nicht auf Kosten der A u f r i c h t i g k e i t, noch weniger auf Kosten der W a h r h e i t ausgebeutet werden. Daher mögen hier noch folgende Tatsachen stehen.

1. J. P. *Šafařik*, der, wie oben schon gesagt, der Sitzung beiwohnte, in welcher Hanka die Prophetia Lubušæ lateinisch und böhmisch vorwies, hielt, wie Schreiber dieses aus seinem Munde gehört, die böhmische Uibersetzung für ein Plagiat und Hanka selbst für einen Mann, bei dem p a t r i o t i s c h e E i t e l k e i t in dem Grade zur Leidenschaft geworden, dass sein naives Gemüt zu j e d e m Mittel ihrer Verwirklichung stäts bereit war, ohne doch die Klugheit zu besitzen, nach der Z w e c k m ä s s i g k e i t d e r M i t t e l zu fragen.

2. Er schämte sich nicht, die offenbar gefälschten Cartone im „Maitraum" und den anderen Gedichten seiner Starobylá Skladánie fünften Teil unter s e i n e m Namen verkaufen zu lassen, wie er denn auch die gefälschten Lieder: unter dem Vyšehrade und das König Wenzelslied unter die echten Lieder der Gr. und K. H. mengte, obschon selbst Dobrovský, sonst seine absolute Autorität, ihn davor warnte.

3. Er liebte so sehr, wie sein Panegyrist Dr. Legis G l ü c k s e l i g selbst sagt, altböhmische Schriftzüge nachzuahmen, ja auch Initiale und Miniaturen nicht nur aufzufrischen, sondern selbst anzulegen, wie z. B. sein Handexemplar der ältesten böhmischen Wörterbücher im Museum zeigt: er war überhaupt ein Mann voller Idiosyncrasien und Schrullen.

4. Als der Verdacht gegen die böhm. „Prophezeiung Lubuša's" unter den Sachverständigen stieg, gab er die losen Streifen

n i ch t zur palæographischen und linguistischen Prüfung her, sondern nähte sie wieder e i n, was auch der Musealsecretär sah. Das lateinische Manuscript, worin am Vorderdeckel lateinisch die Prophetiæ Lubušæ mit flüchtiger Hand geschrieben sind, ist im Museum unter der alten Signatur N. 306 oder der neuern 2. E. 14. täglich zu sehen und erregt gar keinen Verdacht: die b ö h m i s ch e n Prophezeiungen Lubuša's k o n n t e n j e d o ch s e i t s e i n e m T o d e b i s h e r n i ch t a u f g e f u n d e n werden, denn in dem Mscpt. „De arte moriendi." Nr. 940 oder mit der neuern Signatur 4. E. 22. sind keine und waren auch nie Pergamentstreifen. Die Signatur N. 960 aber, die er (Hanka) im Musejník anführt (S. 138) existirt im Museum n i ch t, die Zahl 960 statt 940 ist sohin wol ein Druckfehler unter den vielen anderen Satzfehlern des böhmischen Aufsatzes. Was mag das also für ein C o d e x gewesen sein, in welchem *Palacký*, *Nebeský* u. *Tomek* die Pergamentstreifen wieder unter der Naht verfanden?

Warum liess Hanka mit dem verbesserten Texte der lateinischen Prophetien im J. 1859 im Dalimil nicht auch die böhmischen Prophezeiungen wieder abdrucken? oder warum liess er wenigstens in der Ausgabe seines B ö h m i s ch e n Dalimil im J. 1849 (Leipzig und Prag), dann im J. 1851 (Prag) und 1853 (Prag) diese b ö h m i s ch e n Prophezeiungen nicht mit abdrucken und zwar mit mehr Analogie als im d e u t s ch e n Dalimil die l a t e i n i s ch e n Prophetien.

Bibliothekar *Vrťátko* sucht emsig aber vergebens im Museum nach dem Codex, worin die Papierstreifen verborgen sein sollen: werden sie gefunden werden, so gelangen sie dann wol ans kritisirende Tageslicht. Bis dahin bleiben sie nur eine der dunklen Taten Wenceslaus Hanka's, reichen jedoch nicht hin, ihn schon jetzt als den Plagiator mit Gewissheit hinzustellen, wie Johann Wenzl *Zimmermann*. Dessen Böswilligkeit und Linda's sowie Hanka's Geistesdunkelheit sind somit die vollständigen Schlüssel zu der weit und breit verzweigten, erträumten Verbindung von Handschriftenfälschern im b ö h m i s ch e n Volke. — —

Beilagen.

Die „Königinhofer Handschrift".

Offenes Sendschreiben zur endgiltigen Lösung der Echtheitsfrage. Von Dr. *Legis-Glückselig* (geb. 1806, gest. 28. Jänner 1867).

(V. Constit. Oesterr. Ztg. Nr. 276. Wien, 26. Nov. 1864. Morgenbl.)

„Nun lassen sie mich das lange, drückende Schweigen brechen und vernehmen Sie über die betreffende Handschrift mein innerstes Glaubensbekenntniss! Es muss heraus, denn gehe ich heute oder morgen hinüber, wo sich die Handschriften der Ewigkeit entrollen, so ist es vorbei mit dem Zeugnisse des letzten irdischen Gedenkmannes. Eines Tages (1817) tritt Wenzel *Hanka* in *Dobrovský's* Studierstube, wo ich (Glückselig war damals erst eilf Jahre alt) gerade slavische Vocabeln in Fächer ordnete, küsst dem Altmeister ehrerbietig die Hand und überreicht eine Partie loser beschriebener Pergamentblättchen, welche sehr verunreinigt waren, mit dem Bemerken, er (Hanka) habe dieselben in Königinhof unter altem Kriegsgeräthe gefunden und der Text scheine ihm in lateinischen Legenden zu bestehen.

Dobrovský sprach lächelnd und ganz gelassen, nachdem er mit Hilfe einer Prise Tabak einen scharfen Blick in die nach Ammoniak (?) duftenden Blätter geworfen: „Es ist ja böhmisch" (czesky).

Hanka verzog schmunzelnd die dumme Miene [1]) und wollte dem alten Abbé etwas zuflüstern. Ich bezog dies auf mich und gieng, hinlänglich gelangweilt und nichts dabei denkend, nach Hause. Dieses Factum stehe da als das primitivste in seiner Art; es war das eigentliche Geburtsfest der Königinhofer Lieder-Sammlung.

---

[1]) Man vgl. Legis-Glückselig panegyrische Biographie *Hanka's* von dem er damals, wie sonst noch oft, ausgehalten wurde, um diese perfide Schreibweise würdigen zu können.

Als Hanka sich quälte eine geeignete Vorrede dazu zu schreiben, reichte ich ihm zufällig Dippold's bekannte Vorlesungen über die Geschichte, und er entlehnte aus dem schönen Gedankenmaterial den feierlichen Eingangspassus: Jako řekové a plavci argonští etc. — welcher seither in allen Ausgaben Hanka's stereotyp geblieben ist".

(Fortsetzung in d. Oester. Z. N. 277. 27. Nov. 1864.)

„Man fand die Königinhofer Lieder für das dreizehnte Jahrhundert allenfalls genügend, aber Ueberreste poetischer Hervorbringungen aus dem zwölften, eilften, zehnten, ja neunten Jahrhundert fehlten den Czechen. Das Jahr 1818 gebar die letzteren und bis 1820 folgte noch mehr dergleichen nach. [2])

Zwei pergamentene Quartblätter mit monströsen Schriftzügen von grüner Farbe tauchten zuerst auf — im Prager Briefkasten — ohne Postzeichen, so dass Niemand wusste, woher sie kommen; sie enthielten Fragmente von „Libussa's Gericht" und vom „Erbstreit zweier Brüder", angeblich aus dem IX. Jahrhundert, wenn nicht älter. [3])

Dobrowsky erklärte sie für Fälschung, so auch Kopitar. Mehrere Jahre wagte Niemand das Machwerk abzudruken. [4]) Trotzdem war inzwischen noch ein und das andere altczechische Minnelied auf Pergament zum Vorschein gekommen — mit hübscher, chinesischer Touche geschrieben! Die Czechen zeigten Anlagen zu solchen Künsten; sie hatten sich ja nur einen unschuldigen Spass damit machen wollen. Weiter nichts.

(Fortsetz. in d. Oester. Z. N. 278. 29. Novemb. 1864.)

„Die Königinhofer Handschrift ist ein ausschliessendes Product des czechischen Nationalgeistes, woran die Deutschen nur

---

[2]) Das Vyšehradlied erschien ein Jahr vor der Auffindung der K. H. das Wenzelslied im J. 1819. Die Grünberger Handschrift ward im J. 1817 eben so wie die K. H. aufgefunden. Der letzte Gedenkmann hat sohin ein schlechtes Gedächtniss, wie sich dies auch noch im folgenden ausweiset.

[3]) Vgl. Schriftwesen und Schrifttum. 1867. S. 30, 55. §§. 22. — Gericht u n d Erbstreit? da es doch heissen soll: Landtag — und — Gericht ü b e r einen Erbstreit.

durch den Schimpf betheiligt sind, der ihnen darin gezollt wird.
Wenn in dieser Königinhofer Handschrift auch keine solchen
Homerischen Bilder vorkommen, wie in dem weit sublimeren
Fragmente von „Libussa's Gericht" (z. B. „silberschäumige Wellen
voda strebropiena, vgl. Villoisson zur „Illiade") — wenn darin
auch nicht angelsächsische Runen- und angelsächsische Stamm-
namen gefunden werden, wie ich solche längst in „Libussa's
Gericht" (s. krit. Beitr. zur slav. Philologie, Wien 1846. S. 55
bis 56) [4]) [5]) nachgewiesen — wenn sich auch keine sanskritische
Dualform oder sonstige rare Gramatikalie darin offenbart, wie
sie ein Prager Mithridates im besagten Fragmente aufgespürt
haben will: wenn der Königinhofer Handschrift auch alle diese
höchst zweideutigen (?) Vorzüge abgehen, so trägt dieselbe einen
ungleich h ö h e r e n O r i g i n a l w e r t h in sich selbst. Sie
athmet nämlich (mit Ausnahme aller jener Stücke, die Hanka
ungebührlich aus anderen Manuscripten hinzugefügt) den Geist
reiner, altehrwürdiger Naturpoesie, das geprüfte Auge des Di-
plomatikers entdeckt kein einziges X pro U in der ganzen
Handschrift, keine Wortform oder Wendung zeigt sich ungetreu
dem Zeitraume, innerhalb dessen die allerdings nicht gleichalten
Dichtungen entstanden zu sein scheinen oder wirklich enstanden
sind. Ich unterlasse es, specielle Beweise davon beizubringen;
jede Zeile spricht für ihre Echtheit und Alterthum.

Gleichwohl schrieb Kopitar 1841 in den Anhängen zu
seinem Hesychius einen Artikel: de veterum codicum bohemicorum novis (an einer anderen Stelle heisst es: Czechorum in-
speratis) inventionibus. Dieser Aufsatz warf sehr unerwartet
den ersten dunklen Schlagschatten auf die Königinhofer Handschrift — wobei Kopitar freilich klug genug war, den Namen
Königinhof schielend durch Aula regia zu übersetzen und hic-

---

[4]) Die Gr. H. kam 1818 zum Vorschein, im J. 1819 wurde sie
von Puchmeier († 1820) und den Gebrüdern Jungmann stu-
diert und erschien schon im J. 1820 in Rakoviecki's Pravda
ruskaja, 1821, in den Jzvěstija der russ. Academie und im
Prager Krok. Seit dem J. 1829 kömmt die Gr. H. in allen
Ausgaben der K. H. als „Beigabe, přídavek" vor. So sehr
wagte Niemand dies Machwerk zu drucken! Vgl. Anm. 7.

durch so zu sagen unantastbar zu werden. [5]) Jedoch hatten dies die Czechen und mit ihnen der fanatische Hanka sich selbst zugezogen, indem sie auszustreuen wagten, Kopitar habe die slavischen Epiglossen selbst zwischen die Zeilen des betreffenden Codex der k. k. Hofbibliothek geschrieben: dieselben Glossen, die doch schon Durich 1790 (s. Bibliothek slav. I. p. 270) und nach ihm Dobrowsky 1820 (s. Institut. ling. slav. p. XXIX) gesehen.

(Fortsetz. in d. Oest. Z. N. 279. d. 30. Nowemb. 1864.)

Ein Ungenannter trieb die Sache im Jahre 1858 auf die Spitze und liess in dem Prager politischen Journal „Tagesbote aus Böhmen" ungescheut drucken: Hanka habe die Königinhofer Handschrift selbst gemacht — — worüber Klage entstand.

Dieser sonst anständige und geistvolle, aber in seinen Argumentationen nichts weniger als infallible Aufsatz des „Tagesboten" — als dessen Verfasser man mir damals den Museums-Secretär Nebeský nannte, den man übrigens lächerlicherweise mir selbst in die Schuhe zu schieben bestrebt ist (vergl. den Art. Hattala in Dr. v. Wurzbach's Biogr. Lex.) — dieser Aufsatz beschäftigte sofort die Gemüther, die Presse und die Gerichtssäle. Ich für meine Person, der lebenslang die Königinhofer Handschrift vertreten und immer an Hankas Seite treu (?) gefochten hatte, wurde mehrseitig zur Entlastungzeugenschaft aufgefordert, lehnte dies aber wiederholt und in so lange ab, als nicht Prof. Miklosich bei der Verhandlung das Präsidium führe — wogegen Hanka halb weinend (doch sicher grundlos) ein-

---

[5]) Kopitar sagte stat: Königinhofer, „cantilenæ Reginohrade- censes", also: Königingräzer Handschrift.

[6]) Glückselig sollte doch im J. 1864 sich nicht einer Sache rühmen, die schon 1846 irrig von ihm vorgebracht wurde. Es ist wirklich Schade um die Kenntnisse und die Geistreichigkeit *Glückselig's*, wenn Wahrheit und Irrtum so durch einander geworfen werden. Die von ihm citirte Abhandlung ist ein Separatabzug aus Schmidl's österr. Blättern.

wendete, dass, wenn dies zugelassen würde, er verloren sei!
(Die Feindschaft beider Gelehrten, welche Hanka allein ver-
schuldet hatte, ist wol noch in vieler Andenken.) [7])

Hanka, der allerdings in die Königinhofer Handschrift hin-
eingebessert, d. h. einzelne unleserliche Schriftzüge mit Tinte
aufgefrischt hatte, büsste dies thörichte Beginnen — welches
allein schon seine gänzliche Unfähigkeit zur Verfertigung der
Königinhofer Handschrift manifestirt, — nach Jahren schwer
und bezahlte jenen Pressprocess bald darauf mit seinem Leben.
Die Erde sei ihm leicht! Er ist an der Entste-
hung der Königinhofer Handschrift so unschuldig, wie ich oder sonst irgend ein Zeitgenosse. Ihm fehlte nebst allen äusseren Mitteln zur Erzeu-
gung eines Falsificates à la Wagenfeld oder Simonides als Grund-
bedingung jene hohe dichterische Weihe, welche fast jeden Gedanken der Königinhofer Lieder belebt und durchstrahlt und
welche die poetische Unmittelbarkeit, Echtheit und Urthümlich-
keit des ganzen Denkmals sichergestellt für alle Zeiten. — Aber
auch der Verdacht muss nun auf ewig scheiden, denn die Königinhofer Handschrift ist und bleibt ursprünglich, alt und echt!"
— (Ja wol, aber aus denselben Gründen auch die Grünberger
Handschrift.). —

Dr. Legis-Glückselig.

----

[7]) Hanka hatte nämlich im Musejník, 1850 (II. 297—311) bei
Gelegenheit der Beurteilung von Miklosich's linguistischen
Schriften in unbegreiflicher Verblendung die Ansicht ver-
breiten lassen, dass Miklosich erst nach dem Tode seines
Lehrers Kopitar literarisch fruchtbar wirke, worauf denn
allerdings Miklosich mit den Keulenschlägen seiner slavischen
Bibliothek (I. S. 267) antwortete. — Bei dem von Glückselig besprochenen Falle handelte es sich jedoch nicht um
eine wissenschaftliche, sondern um eine gerichtliche
Angelegenheit, um einen Ehrenbeleidigungsprocess, der
natürlich zu Gunsten Hanka's ausfiel.

Zweite Beilage.

Professor *Šembera's* Ansicht über den Fälscher des „Wyšehrad- und König Wenzels- liedes" in seiner Geschichte der böhm. Sprache und Literatur. Dritte Auflage. Wien. 1868. S. 102.

Wärend Dr. Legis-Glückselig Hanka gar nicht für fähig hält, zu fälschen, überraschte Prof. *Šembera* in Wien die böhm. Literaten erst in neuester Zeit mit der Nachricht, dass *Hanka* in Verbindung mit *Linda* die Fälscher seien.

Seine Worte lauten in getreuer Uebersetzung, wie folgt:

„Bis zum J. 1861 gab man mit der Königinhofer Hand- schrift zugleich zwei Lieder (písně) heraus', die man bis dahin (?) für altböhmisch hielt: Das Gedicht unter dem Vyšehrad und das Minnelied König Wenzel's von Böhmen, von denen wir in der frühern Auflage dieser Literatur- geschichte (S. 92) bewiesen, dass sie unterschoben und im J. 1816 und 1819 verfertigt sind.

Indem wir sie daher hier vollständig übergehen, veröffent- lichen wir nun unsere Meinung (zdání) über deren Ursprung, welche wir im Jahre 1859 aus besondern Gründen (z příčin zvláštních) nicht äusserten. Ohne jeden Zweifel ver- fertigten die damals jungen Schriftsteller V. *Hanka* (geboren 1791) und Jos. *Linda* (geboren 1793) diese beiden Gedichte (básně). Es war denselben unerträglich (těžce nesouce), die böhmische Literatur ohne alle Denkmale aus dem 12. und 13. Jahrhunderte zu wissen: sie beschlossen daher im J. 1816, als sie damals gemeinschaftlich in der Michaelsgasse in der Alt- stadt Prag wohnten, diese Lücke durch ihre Kunstfertigkeit (svým uměním) auszufüllen. Wie es wahrscheinlich ist, ver- fertigte Hanka den Text (skládal) und *Linda*, der eine schöne Handschrift hatte, s c h r i e b. Die erste Frucht ihrer geheimen Muse „das L i e d a n d e n V y š e h r a d" trug Hanka selbst zu Jungmann und Dobrovský (siehe darüber die Nachricht im Časopis českého musea, Jahr. 1832. S. 242), die zweite Frucht aber, „das Minnelied", geschrieben mit einer Schrift, welche die Züge der Königinhofer Handschrift nach-ahmte, anvertraute oder unterschob der Schreiber Linda, der im J. 1819 A m a n u e n s i s in der Universitätsbibliothek war, dem Scriptor dieser Bibliothek, J. *Zimmermann* und vergönnte i h m den Ruhm der Entdeckung. Zimmermann sendete sie dem Obersten Burggrafen, Graf. Fr. v. Kolovrat mit einem Beisatze (s přípisem), worin er sie für die älteste böhmische Handschrift aus dem 12. Jahrh underte erklärte. Diese Meinung bestätigte auch Hanka damit, dass er selbst sie in den Druck gab, in der Vorrede zum 5. Bande der Starobylá skladánie, wodurch er zu-gleich an den Tag legte (projevil), dass sie nicht ohne sein Wissen verfertigt wurde ; Hanka und Linda beschäftigten sich im J. 1816 mit der altböhmischen Sprache und die Frucht dieses Studium, allerdings eine unreife, brachte Hanka an das Tageslicht in der Einleitung zum 1. Bande der Starobylá Skla-dánie, herausgegeben im J. 1817, wo er auch das Lied „Wyše-hrad" abdrucken liess, Linda aber in der Schrift „Záře nad pohanstvem" (Prag, 1818), worin z. B. das Volk (S. 10 und 120) altböhmisch so den Svantovit anruft: Ty jsi dobr, ty jsi ch r a b r (vergleiche : „Vyšegrade t v r d"); siva mlha s t o j i e nad propasti (vergl. im Liede an den Vyšehrad: s t o j i e siela hurastja); dalekobystrý o k o m ž e. u ch o m ž e (vergleiche im Minneliede: vs ě-ž e, mys l-ž e, početi é-ž e u. ähnl."

Prof. Alois Adalb. *Šembera*, geboren im Anfange des J. 1807, ist ein vielfach verdienter böhm. Schriftsteller und ein treuer, erprobter Anhänger des Slaventums. Er gibt in dem eben Gesagten die M e i n u n g kund, welche wie ein öffent-liches Geheimniss allen böhmischen Literaten bekannt war und sich, was Linda betrifft, schon in der oben citirten (S. 7. 8), von Šembera etwas willkürlich aufgefassten Nachricht J. Jungmann's im Musejnik vom J. 1832 gründete. Wir haben eben in der gegenwärtigen Schrift den Beweis zu führen gesucht, diese Meinung als eine irrige darzustellen und müssen es sohin dem

lesenden und urteilenden Publicum anheimstellen, sich eine
eigene Ansicht über die damalige Sachlage zu bilden.

Hier wollen wir nur einige Bemerkungen zu Prof. Šembera's Deduction machen :

a) In den Jahren 1816 und 1818, wo der angebliche Fund
geschah, war Prof. Šembera noch nicht einmal neun oder
zehn Jahre alt, und n i c h t in Prag, sohin kein u n m i t-
t e l b a r e r Zeuge der Begebenheit: er gibt auch diese
Ansicht über Hanka und Linda nicht als feste Wahrheit, sondern nur als s e i n e A n s i c h t, s e i n e M e i-
n u n g, z d á n í s v é.

b) Niemand ist im Stande nachzuweisen, dass Linda eine
schöne Hand schrieb — auch ist das Vyšehradlied ganz
anders — und n i c h t schön geschrieben, ebenso wie
auch das Minnelied n i c h t, dessen Z ü g e nur durch
ihre Kleinheit den Zügen der K. H. ähneln, so wie durch
das Format des in Columnen geteilten Pergamens.

c) Hanka z e i g t e (ukázal) den F u n d Linda's dem Jos.
Jungmann, als er (Hanka) ihn noch nicht einmal lesen
konnte, von Dobrovský sagt Jungmann im Musejník, 1832,
S. 242, nach dessen eigenhändigem Briefe, dass er sich
durch das Plagiat täuschen liess, und von Linda n i c h t,
dass er das Vyšehradlied s c h r i e b, sondern nur, dass
er das Unlesbare daran mit Schwärze überzog (přetahl
černidlem).

d) Vom Minneliede weiss Prof. Šembera selbst nicht, ob es
Linda dem Zimmermann s v ě ř i l nebo p o d s t r č i l, anvertraute o d e r unterschob, ja es wird wol keines von
beiden geschehen sein, da Zimmermann selbst öffentlich
sich rühmte das Minnelied und andere ihm wieder verloren
gegangene Fragmente aufgefunden zu haben ; auch war
Linda im J. 1819 noch n i c h t Amanuensis der Univers.-
Bibliothek, sondern erst im J. 1822. Wenn Hanka von
der Gefälschtheit auch nur gewusst hätte, so hätte er das
Gedicht unter seine e c h t e n Gedichte gar n i c h t auf-

genommen, namentlich n a ch dem köstlichen Funde der
K. H. und der Gr. H. die weit alle Erwartungen der damaligen Literaten übertrafen : die Aufnahme und Besprechung der Gedichte in den Starobylá skladánie spricht
sohin f ü r Hanka's Unschuld, nicht aber d a g e g e n.

e) Nach Prof. Šembera hat Hanka das Gedicht g e m a ch t,
Linda geschrieben, doch beru ft sich Prof. Šembera auf
Linda's Altböhmischen Styl in dessen Záře nad pohanstvem und dieser ist dazu eben ein Beweis, dass er n i ch t
eine Zeile Altböhmisches hätte fabriciren können. Auch ist
der Satz: „ty jsi ch r a b r" eine ganz andere grammatische
Fügung als der Vocativ: Vyšegrade t v r d, auch wenn nicht:
„Vyšegrade t v r d" gelesen werden müsste (S. 14. 18) ;
dasselbe gilt von „okom-že" und vsě-že, mysl-že, weil
die enclitische Partikel ž e (d. i. ursprünglich je-že, еž)
sich eher an einen casus rectus als an einen casus obli-
quus anschliesst. Ueber „stojie" wollen wir gar nicht
sprechen. Hanka's Altböhmisches im ersten bis letzten
Bande der Skladánie, d. i. die grammatischen Regeln und
das Vocabularlein zeugen gleichfalls gegen Hanka's Autor-
schaft, n i ch t aber für sie.

f) Wenn endlich Hanka das Vyšegradlied fabricirt hat, wer
hat dann das alte d e u t s ch e Vyšegradlied, das sich als
Uebersetzung aus dem A l t b ö h m i s c h e n selbst auf-
führt (S. 16), fabricirt ? —

Und so bleiben wir denn getrost bei u n s e r e r Hypo-
these : *Zimmermann* hat wirkliche alte böhmische Lieder nur
umformt und mit ältern Lettern, als sie etwa im 14. und
15. Jahrhrt. hatten, umgeschrieben, um sie in das 12. Jahrhundert versetzen und sich als den glücklichen Finder der
alterältesten böhmischen Literaturfragmente brüsten zu können.
Hanka ist an den Fälschungen ganz unschuldig, wol aber ward
er durch sie selbst dupirt und zwar so, dass er sie selbst stets
unter den C i m e l i e n i m M u s e u m verwahrte und im guten
Glauben allen besuchenden Gelehrten vorwies. Hätte er dies
getan, wenn er sie selbst gefälscht hätte ? Die Prophetien der
Lubuša sind allerdings eine d u n k l e Tat Hanka's, aber auch

nur dies! in einer p o l i t i s ch so erregten Zeit, wie es das J. 1849 war. Von den Fälschungen im „Maitraum" und den andern oben (S. 52) mit genannten Liedern spricht Pr. Šembera gar nicht, sondern citirt sie, als ob sie unverändert und echt enthalten wären im 5. Band der Starobylá Skladánie. Vergl. Sitzungs-Bericht der königl. böhmischen Gesellschaft, 1861, am 31. October — 1867, am 28. October und V. Nebeský's Kritik von Šembera's dritter Auflage der böhmischen Literaturge-schichte im Český obzor literární, 1868. Nr. 10, 11. —